赤木かん子の

読書力アップ!
学校図書館のつくり方

赤木かん子 著

はじめに

私の仕事は本の紹介です。
それが、たまたま知り合いになった小学校の先生から、
「この学校はかん子さんの学区だし、ひとつ学区ボランティアってことで、
ちょっと図書室、見に来てくれないかなあ?」と言われ、
初めてお邪魔した小学校図書館は、
今考えればNDCどおりにちゃんと並べてあるし、
廃棄もしてあるし、最優良図書館のレベルでした。
でも、そのときの私の感想としては、
「先生たちが頑張っているのはわかる!
わかるけど、これじゃ小学生には本探せないよ~」だったのです。
なので、正直にそう言ったところ、
「じゃ、直してくれない?」と言われ、
「じゃあ、ちょっとだけ」で始めた図書館改装でしたが、まずは
「1年に1回しか本買わない? なんで? 本は毎日出版されてるよ?」
「あれ? そういえばそうだよねえ」から始まり
「本は本棚にぎゅうぎゅうにつめないんです……」
「え~っ? 今まで一生懸命つめてたのに~!」
と、先生方との会話は毎日が漫才……。

台本板に絶句し（あれは個人情報漏洩違反です！）学校図書館のつくり方を書いた本がないことに呆然とし、先生方の常識と司書の常識と子どもたちの皮膚感覚とをすり合わせて分類体系をつくり、そのうちに本棚も自作（A４が入らな～い！）カウンターや壁に布をはり、本の装備や修理の方法を考え、使えるポスターや道具や科学のおもちゃを探し歩き、という本当に怒涛のような日々でした。

でも、こんなに考えたことなんてなかった！

というくらい頭を振り絞る作業はアドレナリン全開！

で楽しく、かついろんなことがクリアにわかるようになりました。

そしてだんだん小学校図書館に必要なことは、小学生にわかるように分類し、配置すること、小学校図書館の要は「文学」ではなくて「自然科学」であること、などもわかってきたのです。


司書の中には図書館で使っている分類記号を子どもたちに覚えなさいという人もいますが、お客さまに努力を要求するようなお店はやっていけなくなるでしょう。

努力するのはお客さまではなく、従業員のほうであるべきです。

お客さまが楽しく図書館の中を散策し、苦労せずに欲しい本にたどりつける、楽しく、豊かで、子どもを幸福にする図書館であるように！


この10年、辛抱強く私につきあってくださった先生方と協力してくれたボランティアのみなさん、狂喜乱舞して図書館を使ってくれたことで私の後押しをしてくれた、たくさんの子どもたちに心からお礼申し上げます。

図書館の用語と基本

まず、図書館用語を覚えてください。

書架	本棚のこと。
段	書架の横板のこと。
本	書架を数える語。
面出し書架	表紙を見せて置ける書架。
高段書架	背の高い書架。
低段書架	3段以下の書架。
2連書架	2本の書架が横並びにくっついている書架。
両面書架	2本の書架が背中合わせにくっついている書架。
可動式書架	棚板を自由に動かせる書架。図書館の書架はできる限り、可動式が望ましい。
固定式書架	棚板が動かない書架。

学校図書館の基本です。

☆**棚板は、全体を見渡してみて、余分につくってもらってください。**

いくら可動式の書架でも、4段を5段にしたいときに、棚板がなかったら5段にできませんから。

高段書架

低段書架

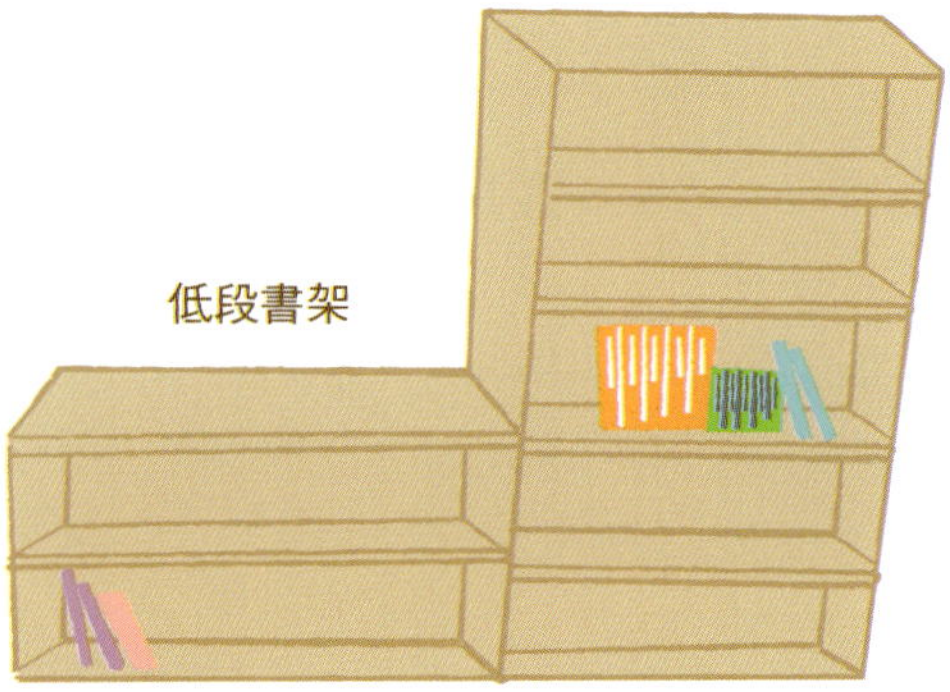

両面書架

可動式書架

☆柱と柱の間に書架をつくりつけにするときは、柱と柱の間を等分に分けて書架をつくるのではなく、その図書館全体で、書架の棚板の幅と長さはそろえるようにしてください。

そうしないと、棚板の互換性がなくなります。すき間ができてみっともない、というのであれば、1本だけ長さの違う書架をつくるか（そのときは、窓下なら2枚、つまり3段にできるように棚板をつくってもらってください）、もしくはすき間をつくってもらってもかまいません。すき間の使い道はいくらでもありますから。書架は普通は90㎝の長さでつくるものです。部屋の中に可動式の既製品の書架があれば、それに合わせるのがいいと思います。

☆壁面ひとつは必ず高段書架を目一杯つくってもらってください。

6本から8本入ると思います。

A4サイズ5段、必ず可動式で、6段につくり直せるように、棚板を1枚ずつ余分につくってもらってください。「自然科学」はできるだけ高段にもっていき、理想的には10本欲しいのです。

☆カウンターの後ろに書架があると便利です。

低段でも高段でも、置いてしっくりくるものならかまいません。

A4サイズが入るものが理想的です。

高段書架を並べると、かなり本の入るオープン書庫になります。

☆子どもたちに本に深く入り込んでもらうためには、明るい雰囲気と分類体系が必要です。

☆飾りつけは、小学校6年男子を基準にしましょう。

☆大人の感覚で書架をつくると、子どもにはわかりづらくなります。

子どもの図書館は子どもに合わせるので、大人には少々わかりづらくなります。

☆小学生や中学生の大半はリアル系（P52参照）**が好きで、空想系が好きな人のほうが少ないのです。**

図書館は文学館ではなく、リアル系のお城です。

目次

Ⅰ たった一人でもできること 8

Ⅱ 分類と配置 34

大掃除

I たった一人でもできること

まずは大掃除！

いちばん最初にやるのは、大掃除です。まずは、ほこりを取りましょう。

書架

書架（本棚）から本を全部出して、書架をふきます。

段の上や背も忘れずに。

本もふいてもとに戻します。

電球

ふきます。
電球が切れているものは取り替えます。
かさもふきます。

熱くなっていると危険なので、この掃除をする日は、あらかじめ明かりはつけないでおいてください。これは二人いたほうがやりやすい作業です。一人は下で電球を渡す役です。

面出し書架は、ひっくり返して掃除をします。

中もふきます。

面出し書架の背が壊れていたら、新しいベニヤに張り替えます。特に本を入れるところの底の部分は壊れやすいです。

書架の足のほこりも取ります。

もちろんこの作業は大人数でやったほうが楽です。でも、どこから手をつけたらいいかわからなかったら、まず磨いてください。

カーテン

外して洗います。カーテンレールのランナーは、洗うか、壊れていたら取り替えます。レールの中もふきます。たいてい真っ黒です。

ランナー

洗えないカーテンは、ふきます。

机といす

いすの脚と机の脚を掃除します。

いすはひっくり返して机に上げると、掃除しやすいです。

これだけで、明るさは3割増します。

ツール

部屋のリフォームツール

司書の道具箱です！

ガンタッカー

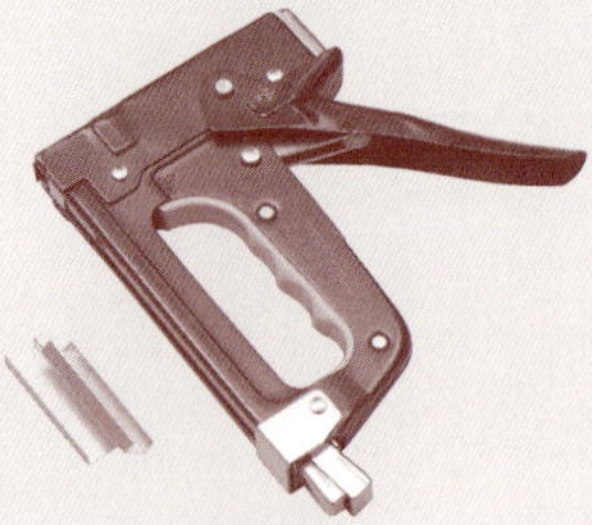

壁に布をはるときやパネルサインをはるとき、いすに布をはるときなどに使います。

かなづち

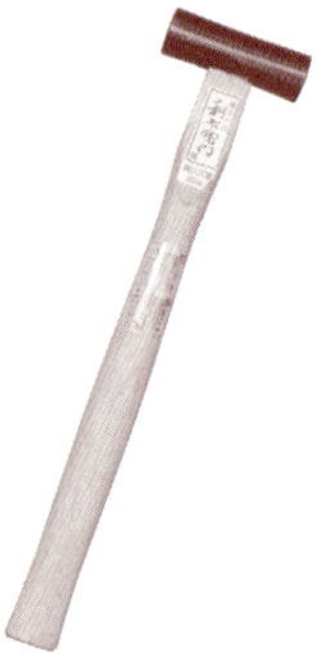

ガンタッカーで打ちつけた後、その上をかなづちで叩きます。
いすの布を張り替えるときには、真鍮くぎを打ちつけるために使います。

布切りばさみ

布は布用ばさみでないと、切りにくいものです。

ドライバー

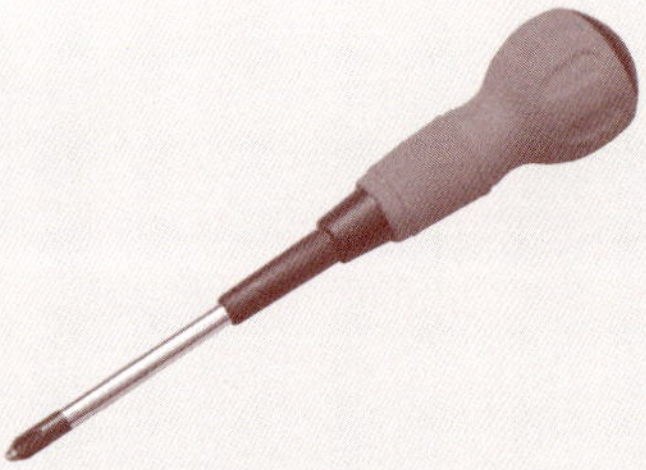

いすなどを解体するときに必要です。

麻糸、針

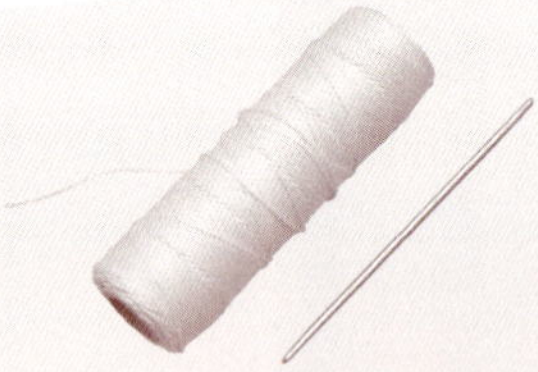

ソファーを直すときに、綿が出てしまっている場合には、麻糸で軽く綴《と》じてから布をはるとうまくいきます。本の修理や装備にも使います。

メジャー

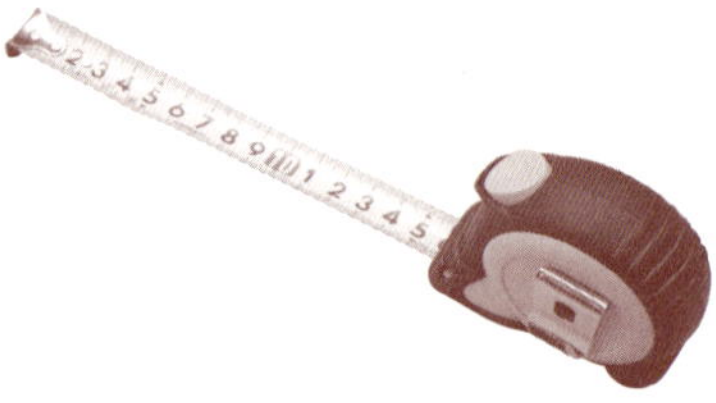

メジャーを引いたところで止まり、ボタンを押したら戻るタイプが使いやすいです。

☆掃除用具の必需品☆

洗剤は床掃除に。メラミンスポンジは、机や壁磨き、ほこり取りなど何でも。コンクリートにカーペットが直張りしてあるところは、カーペット用クリーナーで掃除します。中性洗剤を使ってください。

カーペット用両面テープ

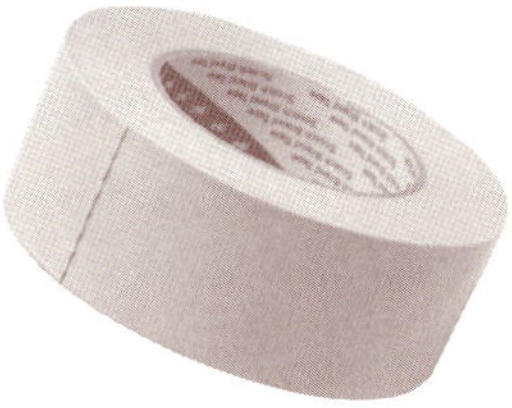

カーペット用両面テープを使えば、一人でも楽に壁に布をはれます。布の端に、5㎝くらいに切った両面テープを仮留めのためにはり、その上からガンタッカーを打ちつければ簡単です。

布用スプレーのり、紙用スプレーのり

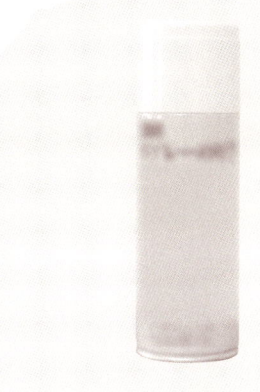

のりにはいろいろな種類があります。何と何をはり合わせるのりか、確認してください。

ペンキ塗り用の刷毛、ローラー、養生テープ

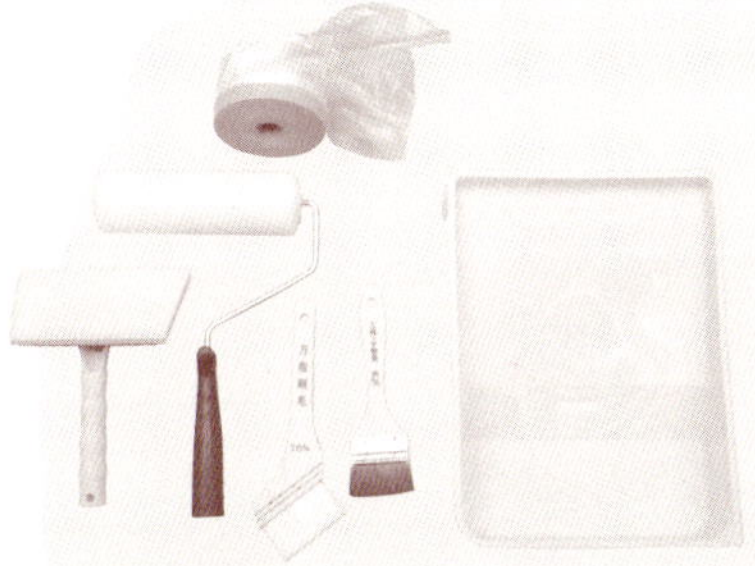

ローラーのほうが、刷毛よりも塗料が均一につくので塗りやすいです。刷毛は、使う人によって仕上がりが違ってきます。仕上げには向きません。養生用のテープは、塗りたいところ以外にペンキがつかないようにするために必要です。

プラスチックダンボール

主にポスターの下はりに使いますが、穴のあいた壁の補修にも使えて便利です。まず穴の上にプラスチックダンボールをはって穴をふさぎ、その上に布をはると、生徒が布の上から手を突っ込んでしまっても大丈夫です。

木工用ボンド

本の補修や飾りつけに必要です。

交換用粘着テープ

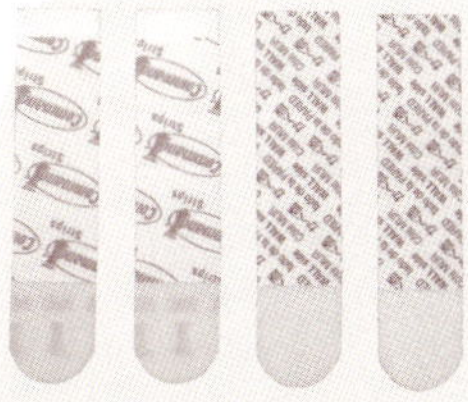

ポスターをはるときに使います。テープの端を引き伸ばすことで、下地の壁もポスターも傷つけることなく、きれいにはがせます。

カッター

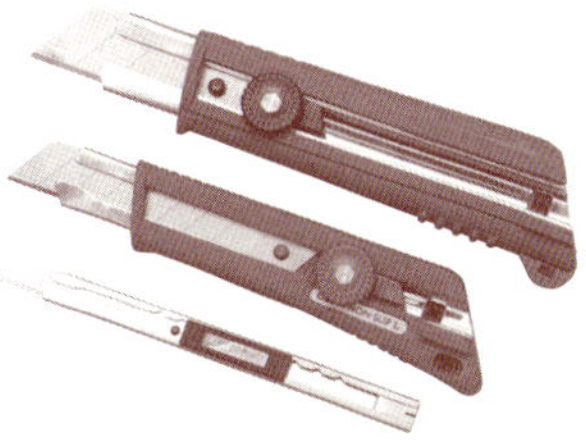

上：大型のカッター
プラスチックダンボールなど厚みのあるものを切るときに便利です。
中：カッター
下：デザインカッター
刃先がとがっていて、丸いものを切るときに便利です。

内装

内装も簡単にきれいに

布をはる

暗い廊下も布をはると明るくなります。

After

Before

Before

壁布だけでも部屋全体の雰囲気が変わります。

After

赤木POINT!

あとで取り付けたものは必ず外せます。3年もたつと、布も汚れます。汚れたら、取り替えるか、洗ってください。

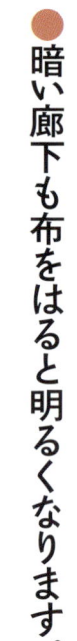

いすと机も簡単にリフォーム

単管パイプで大変身

机をよみがえらせるために、机の脚を取って、代わりに単管パイプを取り付けることを考えました。まず、天板を採寸し、脚を接続する位置を決めます。そして机の高さを決め、ジョイントで単管パイプをつなぎ、仮組みをします。パイプに油性ペンキで色を塗ります。できれば２度塗り（水性なら原液のまま２度塗り）して乾かします。天板にはガンタッカーで布をはります。布と脚の色は合わせるようにします。最後に天板と脚を接続し、いすの脚にもペンキを塗って、素敵な机といすになりました。

Before

もともとは理科室です。机もいすの座面も真っ黒なのが、部屋全体が暗い雰囲気になっている原因でした。

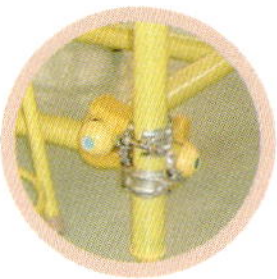

赤木POINT!

単管パイプを組み合わせて机の脚にしました。

カウンターの工夫

カウンターに穴があいてしまったら？ ↓布をはります。

穴の上に紙をはって隠していました。

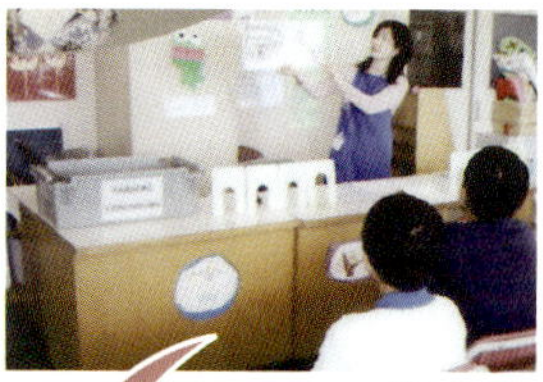

Before

全体に布をはり、テーブルの縁を白く塗りました。

カウンターを置くスペースがない場合は？ ↓司書室の窓縁をカウンターに改造。

この窓の向こうの小さな部屋は司書室でした。窓を外して、縁の壊れたレールなども外し、黄色いプラスチックの板をはりました。その上に半月形の厚い板を３枚買ってきてグリーンに塗り、がっちり留めました。
カーテンを縫って、上の壁にも布をはりました。カエル司書を配置して完成!

コーディネート

トータルコーディネートをしよう

図書館は、小学校は小学生用に、中学校は中学生用に、子どもたちが、「ここは自分たちの場所だ!」と感じるようにトータルコーディネートされていることが必要です。くれぐれも大人仕様にならないようにね!

小学校は6年の男子が安心していられるのが基本です。6年の男子は、幼稚園のような雰囲気や、あまりにも女性向きの部屋は嫌がるものです。そのため、リボン、レース、カフェカーテンなどはやめます。

棚と本の準備の基本

この棚サインとパネルサインは、今の小・中学校用にデザインしたものです。

棚サインの準備

付属のCDに収録の棚サインをプリントアウトして使ってください。

棚サインに市販の分類シールをはり、シールカバーでカバーします。見た目もきれいで、しっかりとした棚サインができあがります。

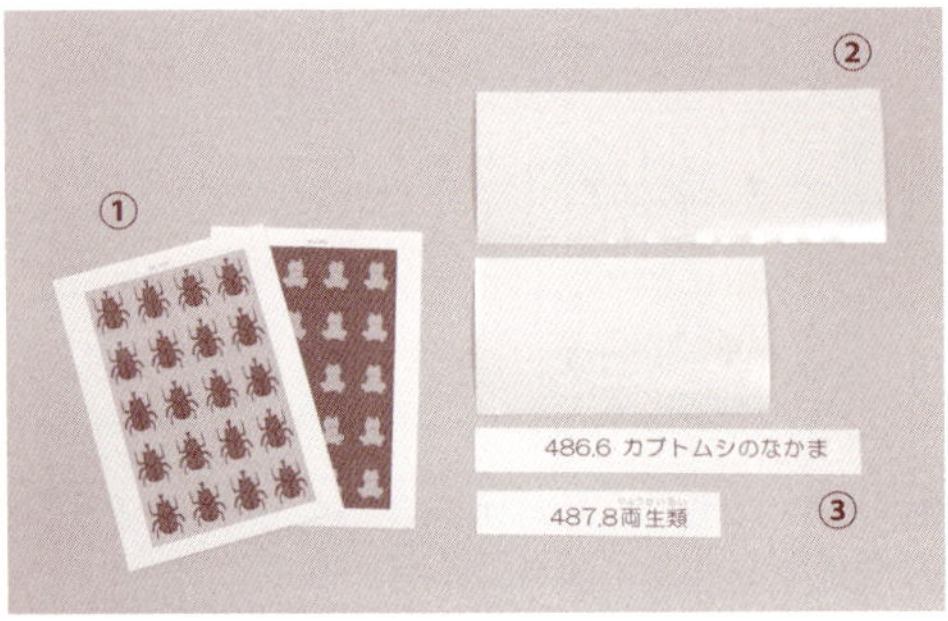

＊準備するもの＊
①分類シール　②シールカバー　③棚サイン

棚サインに分類シールをはります。

シールカバーの粘着面を少し出します。

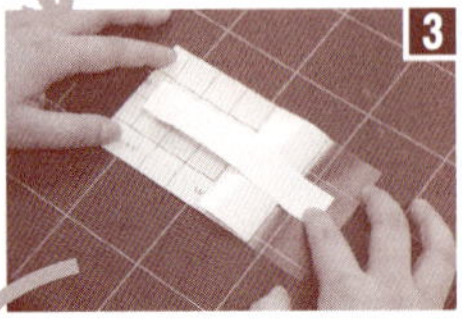

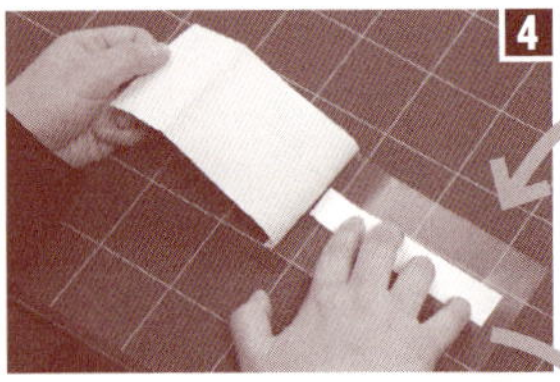

一度はがした紙を戻しておけば、保管ができます。

完成!

☆飾りつけの注意点☆

＊できるだけ手書きのものは、はらないようにします。
＊水を入れた花瓶は置かないようにします。(ひっくり返します)
置くなら、鉢物のグリーンを!
＊造花も常設としては使わないようにします。ほこりがたまります。
＊図書館には、音がするものと、子どもが飲み込めるサイズのものは置かないようにします。
＊書架の内容とポスターは関連のあるものを!(「動物」のポスターの下に「植物」があったら戸惑います)

パネルサインの準備

市販のパネルサインを、何もカバーをせずにそのままはると、数か月後にはボロボロになってしまうので、ブックカバー用フィルムでカバーします。プラスチックダンボールで裏打ちすると強度が出て、アピール度が高くなります。

＊準備するもの＊
①ブックカバー用フィルム
②パネルサイン
③プラスチックダンボール
④小さいタオル
⑤両面テープ
⑥ブックカバー用フィルム専用のはさみ

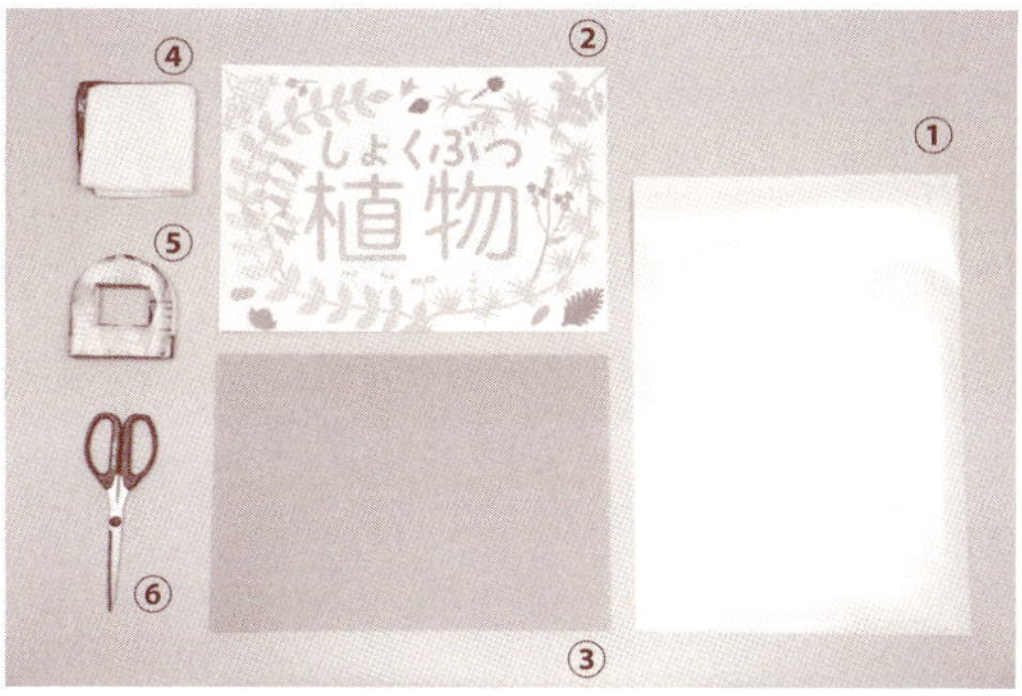
①
②
③
④
⑤
⑥
しょくぶつ
植物

1

パネルサインの裏に両面テープをはります。

2

プラスチックダンボールにパネルサインをはりつけます。

3

ブックカバー用フィルムの余白が合うように折り目をつけます。

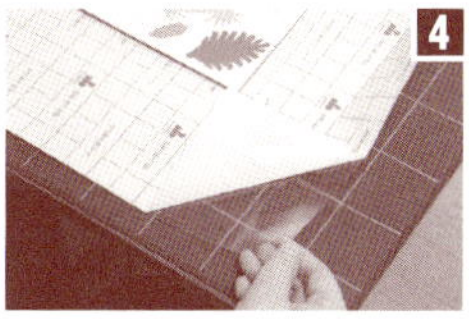
4

端を三角に折り返し、粘着面を出します。

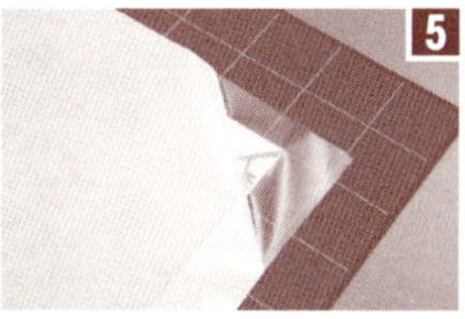
5

三角の部分にパネルサインをはり、端を机に留めます。

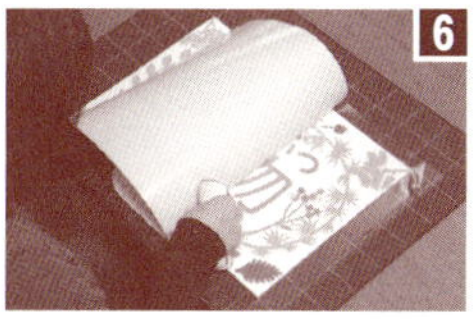
6

タオルを使って、空気が入らないようにはっていきます。

7

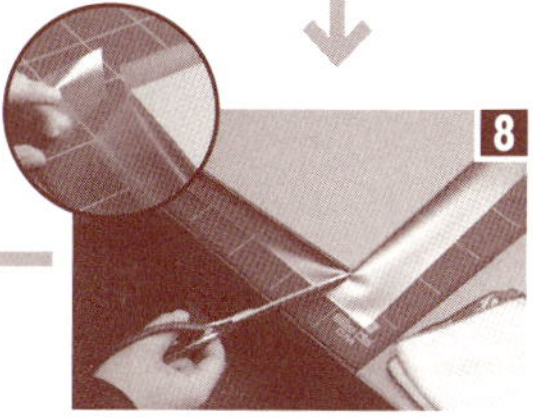
8

裏返して、ブックカバー用フィルムの四隅を切ります。

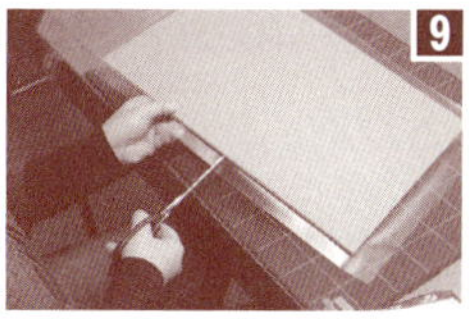
9

長辺にも切れ目を入れます。

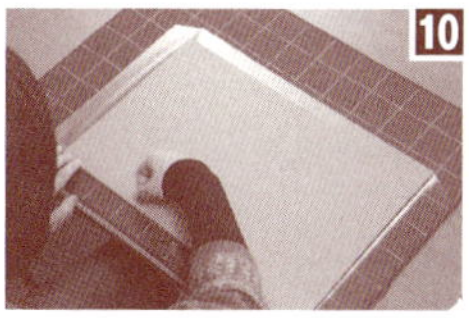
10

向かい合った辺の順にはっていきます。

11

完成!

ポスターの準備

大きいポスターにもブックカバー用フィルムをかけます。裏打ちもします。パネルサインにブックカバー用フィルムをかけるやり方と同じようにやればうまくいきます。

本の準備

本にブックカバー用フィルムをかけます。表紙カバーのデザインは考えてつくられていて、本の情報として大切なものなので、表紙カバーは外さないでください。表紙カバーの上からブックカバー用フィルムをかけます。そうすることで、本を保護するとともに、本の情報とデザインも保護することになるのです。無線綴じの本は、バラバラになりやすいので、ドリルで穴を開けて糸をくぐらせて綴じ、補強します。

(→詳しくは、HPを見てね)

詳細をチェック!
赤木かん子のオフィシャルウェブサイトはこちら
http://www.akagikanko.jp/

棚磨き

棚磨きの仕方

書架には、すき間なく本はつめないものです。
なぜかというと、そんなことをしたら、
本が取りにくいし、傷むからです。
まず、棚に本をセットする方法を覚えましょう。

本は背を段の縁に合わせてそろえ、ブックエンドで留めます。これを「棚磨き」といいます。ブックエンドは棚の数だけ必要です。

空いているところにかっこいい表紙の本を立てて置きます。これを「面出し」といいます。

本を奥に突っ込んでしまうと……

上の段の影で書名が暗くなってしまいます。

赤木POINT!

棚磨きをするときに、これはひどいと思った古い本を各棚５冊ずつくらい抜いてみます。すぐには廃棄できなくても、表の書架になければいいのです。

すき間の勧め

column*

小学校の先生方に「本はつめこまない」というお話しを最初にしたとき、「えっ？ すき間があったらいけないと思って、今まで一生懸命につめていたのに!」と叫ばれてしまいました。倉庫は確かにそうしますが、図書館の棚は、見た目も大事です。

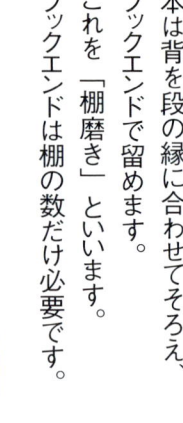

棚磨きの技

ブックエンドを入れると、本がしっかり立ちます。

ポップを有効利用

この文字は書道部に依頼しました。中学生・高校生には、大人顔負けのレベルの生徒がいます。

表紙を見せる

この「源氏シリーズ」は、大きくてこの書架に入らなかったので、斜めに表紙を見せて入れました。これで華やかさも演出!

本が少ないときは面出しすると、見やすい棚になります。

練習

「自然科学」の棚づくり

「自然科学」の棚で、棚づくりの練習をしてみましょう。1つのジャンルをつくることで、図書館の棚づくりを覚えてください。ここでは中学校の棚をつくりますが、小学校でもまず、この考え方をマスターしてください。小学校は中学校の応用なので、中学校の棚を覚えないとできません。

日本の公共図書館と学校図書館の自然科学の分類はこうなっています。

4 自然科学

無機（生命がないもの）
- **1 数学** …… まずは数学。
- **2 物理学** …… 小学校なら、光とエネルギーですね。
- **3 化学** …… 分子です。ここで目に見えない真理は終わり。次は、
- **4 天文学** …… 宇宙に行って
- **5 地学** …… 地球に帰ってきます。

有機（生命があるもの）
- **6 一般生物学** …… 生命のないものからあるものへ。生物はどう分けられる？
- **7 植物学** …… 植物と
- **8 動物学** …… 動物です。動物のいちばん最後は？人類です。人類についている学問は？
- **9 医学** …… 医学です。

まずA4が入る4段か5段の書架を4本から5本並べて確保してください。書架を空にし、掃除をして、配置を決め、棚サインと本をセットします。

人間の目は横に弱く縦に強いので、分量と見た目を考えて、このように分けました。

医学（49）	恒温動物（48）	変温動物（46・48）	宇宙と地球（44・45）	無機（41・42・43）

赤木POINT!

48は「よんじゅうはち」ではなく、「よんはち」と読みます。48番目ではなく、

4（自然科学）　8（動物学）

という意味の記号だからです。

＊「自然科学」は人間がかかわらないものをいうので、もともと図書館では「自然科学」は「医学」を省いて考えます。（P23参照）ですから、医学はここに置かなくてもかまいません。

＊「47 植物」は農業や環境汚染のジャンルとセットにしたほうがわかりやすいです。5本しか書架がないときは、植物は別のところへもっていきます。

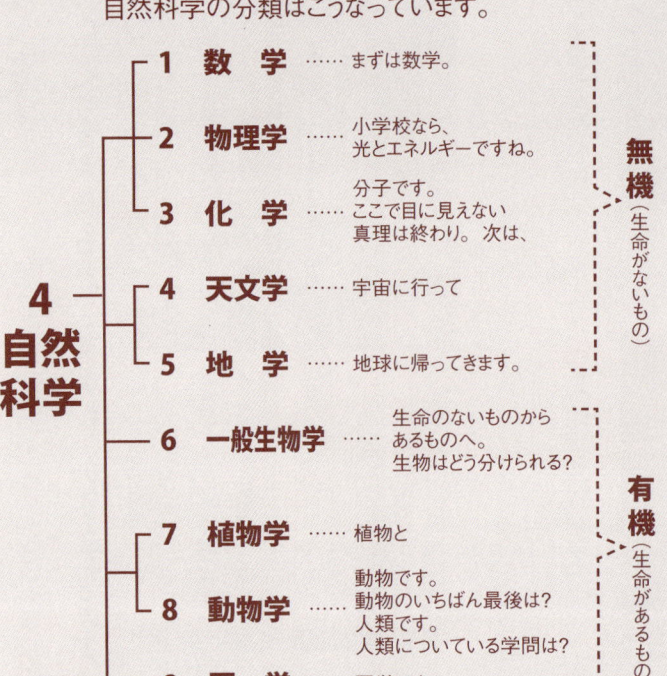

どの書架に何を入れるか考えたら、次は各段に何を入れるかを決めていきます。（P26－P27参照）

数学	天文学	一般生物学	鳥類	人体のしくみ
数学	地球・地学	無脊椎動物／軟体動物／棘皮動物／節足動物	哺乳類	人体のしくみ
物理・化学	地球・地学	昆虫	動物図鑑	人体のしくみ
物理・化学	古生物学	両生類／爬虫類／魚類／変温動物図鑑	ペット／畜産	性教育

棚の準備をして本を入れてみよう

棚サインをはり

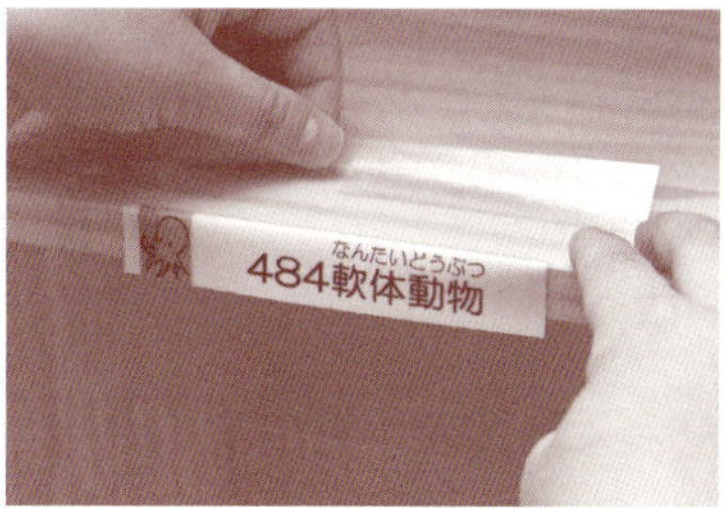

本にもシールをはり

棚サインの絵と同じところに戻せるように本にも分類シールをはっておきます。シールがはがれないように、上から透明カバーをはります。こうすれば、小学生でも本を元の棚に戻せますし、分類も自然と覚えてくれます。

本を入れていきます。

赤木POINT!

本にシールをはる段階で、古い本は抜いていきます。本にはる分類シールを1枚10円だと考え、シールをはるのがもったいないと思う本は、とりあえず本棚には並べないようにします。

パネルサイン、パネルを飾ります。

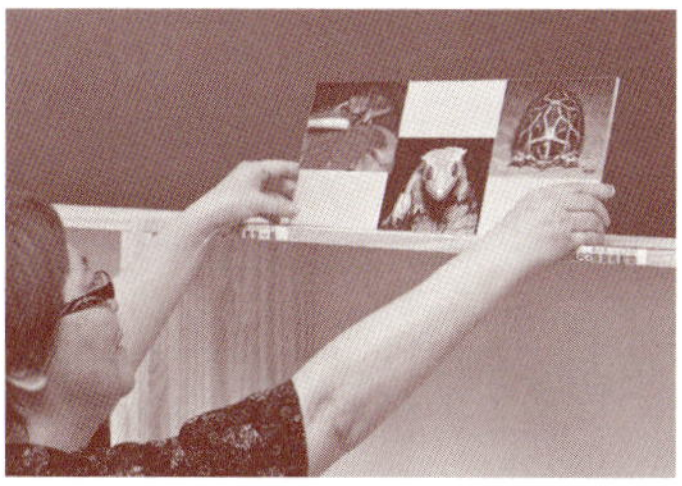

このパネルは、本に入っていた葉書を台紙にはってつくりました。

練習

中学校の「自然科学」の棚

中学生はもう恐竜や昆虫にそれほど興味を持ってくれません。そのため、「自然科学」の棚は、つくりにくいジャンルです。できるだけ古い本は抜きます。冊数はたくさんなくてかまいません。（最悪、1段に3冊くらいでも大丈夫です。全冊、表紙を見せて飾ればいいのです）最先端のビジュアル系の図鑑と、ジュニア用のわかりやすい知識本と、中学生には、まだそこまで専門的な本でなくてもいいので、大人の本の中から読みやすい初心者向きの解説本を入れます。いくらいい本でも、読めなければ、意味がないのですから。

「人体」の隣に骨の模型を置きました。

本の数が少なくても棚はできます。使えない本がぎっしりあるよりは、少なくても使える本が何冊かあるほうが、利用しやすい図書館になります。空いたところには、本の表紙を見せて置くと、その棚が何の棚か、本の表紙が教えてくれます。

天文学《てんもんがく》
理科《りか》
さんすう
算数
パネルサインをはります。
地学
ちがく
先カンブリア紀に生きていた動物のぬいぐるみを置きました。
棚サインをはります。
ROCK and GEM
地球大図鑑

赤木POINT!
棚ごとの配置は、P19を見てね!

練習

NDCってなあに？

日本の公共図書館と学校図書館は、NDCという分類方法を採用しています。これは0〜9までの10個の数字を使って本を分類しようというやり方です。

19世紀後半に、図書館学者を目指していたメルビル・デューイという学生の考えた十進法式を、アメリカの公共図書館は共通分類として採用し、それを見て感動した日本の森清氏が、日本向きに応用してつくったのがNDC（日本十進分類法）です。

N（Nippon）

D（Decimal）

C（Classification）

この10個の記号に、何を入れようか……？
デューイはこのように決めました。

0	**総　記**	総合です。図書館情報学と、百科事典、図鑑、雑誌、どこに入れたらいいかわからない雑学本もここに入っています。
1	**哲学、宗教**	人間がいちばん最初につくった学問体系はこれでした。
2	**歴史、伝記、地理**	仲良し３兄弟です。だれがどこで何をしたの?です。
3	**社会科学**	人間が集まってくらしたときに起こる諸問題です。そのため、ここは政治・法律・経済から始まっています。
4	**自然科学**	人間に関係なく回っている、自然の真理です。
5	**技術、工業**	これからの社会には、これとこれが重要だとデューイは思ったのでしょう。
6	**産　業**	（5と共通）
7	**芸術、スポーツ**	美術や音楽、スポーツから囲碁・将棋までここ!
8	**言　語**	小学校には英語と韓国語、中国語くらいしかありませんが、公共図書館には何百という言語の本があります。
9	**文　学**	最後は文学です。

でも、これだけでは範囲が広すぎる！
もう少し、細かく分類しないと、というときには、
もう１回分けてもいいとデューイは考えました。
すでに見てきたように、「自然科学」の
２けた目の分類はこのようになっています。
（P18参照）

40　自然科学
41　数学
42　物理学
43　化学
44　天文学、宇宙科学
45　地球化学、地学
46　生物科学、一般生物学
47　植物学
48　動物学
49　医学、薬学

「自然科学」とは、人間が手を下さなくても
回っていく、自然の真理のことです。

小学校・中学校用に
もう１回分けてみます。

40　自然科学……… 0 はいつでも総論です。

41　数　学……………「数学」はもう１回分けると「代数学」「数論」になってしまいます。ですから、ここで分類は終わり。

42　物理学
43　化　学
……… 「物理学」と「化学」は、小学校・中学校ではまだ分かれていないので、一緒にします。

44　天文学、宇宙科学…………次の段階は「月」「太陽」になってしまうので、ここで分類は終わり。

45　地球、地学……457 に「古生物学（恐竜）」があるので、恐竜は別置！（P32 を見てね）

451　天気、気象………「地学」の３けた目の１は「気象（天気）」です。小学校では〝お天気調べ〟があるので、ここだけ分類します。中学校ではもう 451 は分類しません。

46　生物科学、一般生物学…………ここは生命の始まりの学問です。「博物学」「微生物」「進化論」はここ！

47　植物学……………植物も分類はここまで。

48　動物学……………２けたまでしか分類しないと、ミミズとサルが一緒になってしまいます。そのため、ここは細かく分類します。（P24-25 を見てね）

練習

小学校の「自然科学」の分類

小学校の低学年が大好きなのは動物です。
分類は何があるのか覚え切れなくなって
＊困ったら分け始め、
＊これ以上分けたら逆に面倒になるところでやめます。
小学校の「自然科学」の分類を使いやすいように考えてみたら、こうなりました。

赤木POINT!
デューイは人間は 3 けたの記号を覚えるのが限界だと考えました。そこで、486 まで分類したら、ピリオドを打ちます。

- **486.3** トンボのなかま 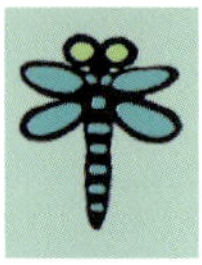
- **486.4** カマキリのなかま 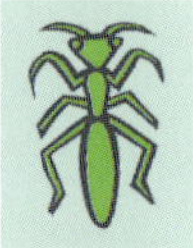
- **486.5** セミのなかま 
- **486.6** カブトムシのなかま 
- **486.7** アリ・ハチのなかま 
- **486.8** チョウのなかま 
- **486.9** アブ・カ・ハエのなかま 

もう 1 段階分類すると「カブトムシ」「クワガタ」「ホタル」（ホタルはここです。幼虫の顔を見ると納得するよ）に分類できます。でも、これを考えているときに一緒にいた小学校 4 年生男子たちに、「そこまでいるかい?」と聞いたところ、全員が「カブトムシまででいいよ」という返事だったので、4 けたで打ち止めにしました。

- **487.5** 魚　類 
- **487.8** 両生類 
- **487.9** 爬虫類 

- **489.2** 単孔目 
- **489.3** 有袋目 
- **489.4** 食虫目 
- **489.5** 食肉目 
- **489.6** クジラ目 
- **489.7** ゾウ目 
- **489.8** 蹄　目 
- **489.9** 霊長目 

●畜産

人間の生活に利用するために動物を飼うことです。

ペット

人間が食べない動物。ここに動物園と動物の医者も入れてしまいます。

畜産

人間が食べる動物。食品の材料にするもの。

4 自然科学

- **41 算　数**

- **42 物理学**
- **43 化　学**

理科
- **44 宇　宙**

- **45 地球・地学**

  - **451 天気・気象学**

- **46 生物科学・一般生物学**
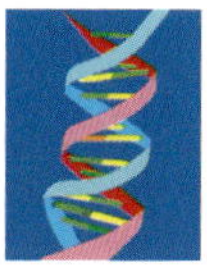
- **47 植物学**

- **48 動物学**
  - **483 無脊椎動物**
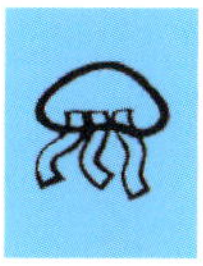
中も外も柔らかいです。
  - **484 軟体動物**

貝、イカ、タコなどです。少しは水の外に出ていられます。
    - **484.9 棘皮動物**

  - **485 節足動物**

がっちりした丈夫なボディを手に入れ、動きやすいようにあちこちにフシ（節）をつくりました。そのため、節足動物といいます。エビ、カニ、陸に上がってクモ、サソリ。
  - **486 昆　虫**
節足動物の中で羽を持ったグループができました。昆虫です。昆虫はもう1回分類したい!
  - **487 脊椎動物**
脊椎動物はもう1回分類したい!
  - **488 鳥　類**

鳥類はこの次分類すると「ツル目」「オウム目」になってしまうので、これ以上分類しません。
  - **489 哺乳類**
哺乳類も、もう1回分類したい!

●図鑑

たくさんの種類の生物が入っているものは、や には分類できませんので、図鑑は**480**という分類をします。

昆虫図鑑

いろいろな昆虫が入っている本はここ!

変温動物図鑑

貝も魚も一緒、というような、“水の中の生き物”系の本はここに入れてください。

動物図鑑

さまざまな種類の恒温動物が入っているもの。変温動物も、昆虫も、恒温動物も一緒のもの。絶滅危惧種もここに入れておくと便利です。

練習

棚づくりの練習

では、ここで、「48 動物」の棚を例にして、もう少し棚づくりの練習をしてみましょう。A4が入る大きさの、4段か5段の高段書架を「48」の置き場にします。小学校は3本か4本、中学校は2本以上を確保します。いつもこちらの希望どおりに書架があるとはかぎりません。変形のパターンも考えてみましょう。

小学校4本4段の場合

これはいちばんオーソドックスな4段4本の場合です。

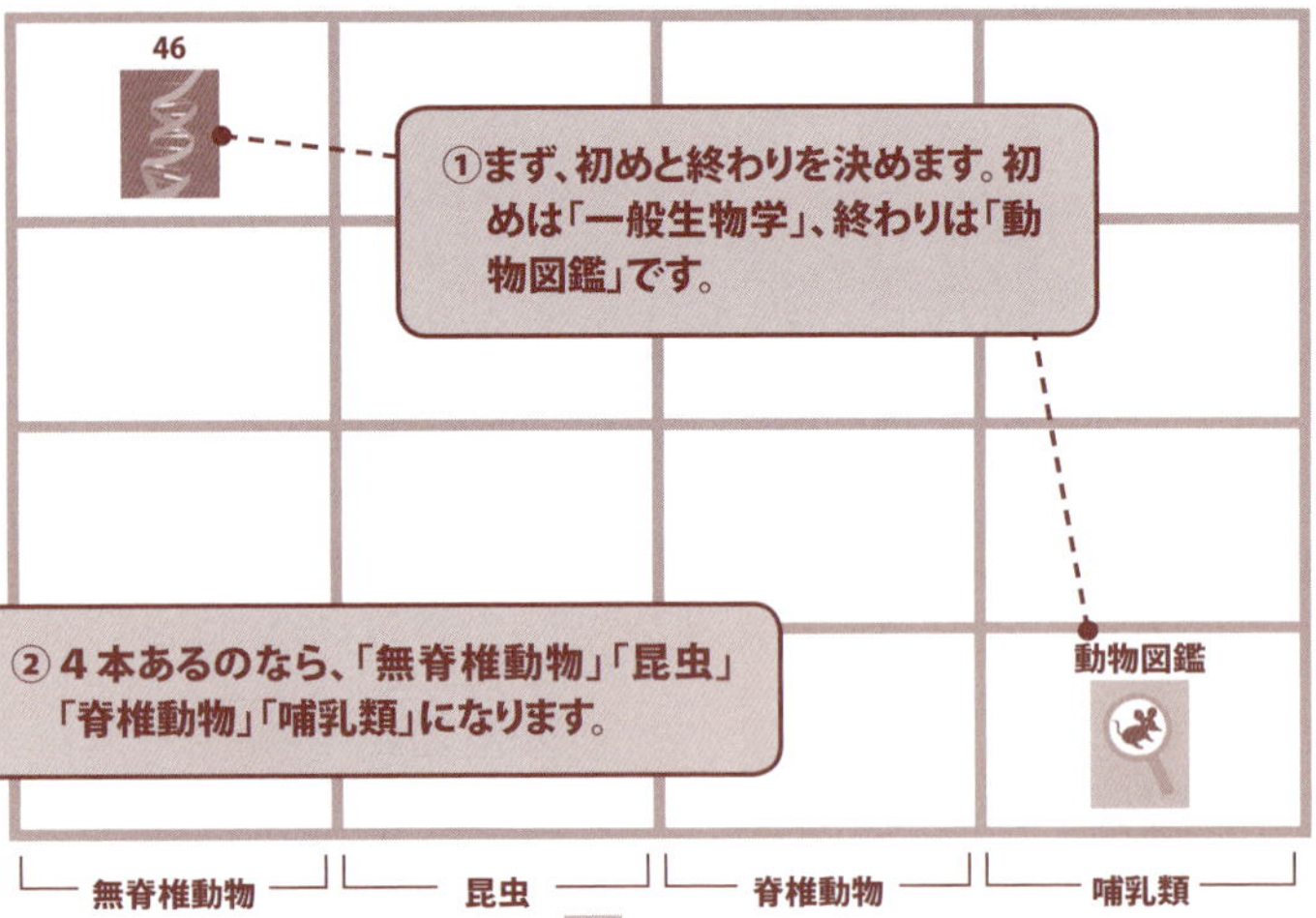

46
①まず、初めと終わりを決めます。初めは「一般生物学」、終わりは「動物図鑑」です。
②４本あるのなら、「無脊椎動物」「昆虫」「脊椎動物」「哺乳類」になります。
動物図鑑
無脊椎動物
昆虫
脊椎動物
哺乳類

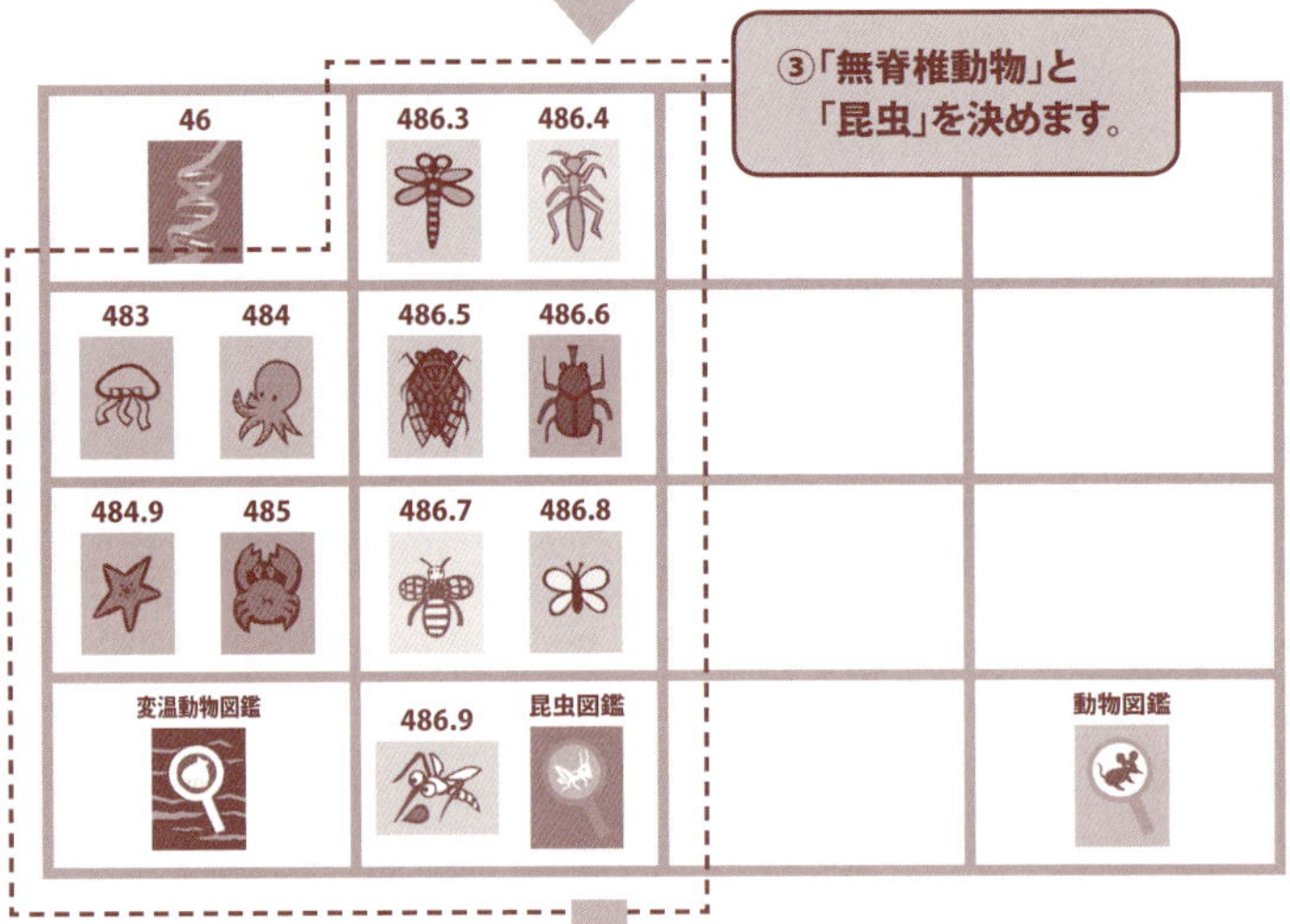

③「無脊椎動物」と「昆虫」を決めます。
46
486.3
486.4
483
484
486.5
486.6
484.9
485
486.7
486.8
変温動物図鑑
486.9
昆虫図鑑
動物図鑑

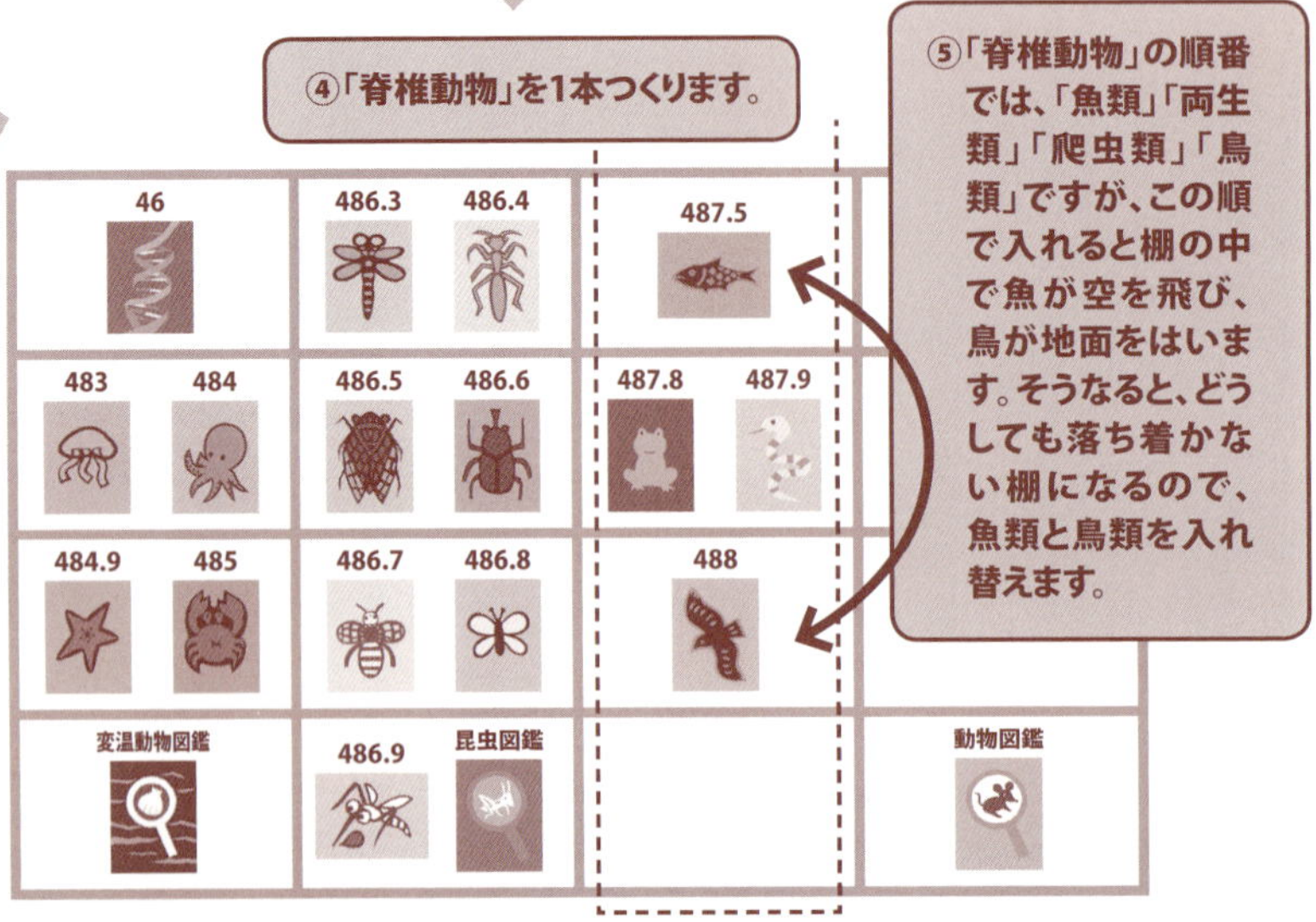

④「脊椎動物」を1本つくります。
⑤「脊椎動物」の順番では、「魚類」「両生類」「爬虫類」「鳥類」ですが、この順で入れると棚の中で魚が空を飛び、鳥が地面をはいます。そうなると、どうしても落ち着かない棚になるので、魚類と鳥類を入れ替えます。
46
486.3
486.4
487.5
483
484
486.5
486.6
487.8
487.9
484.9
485
486.7
486.8
488
変温動物図鑑
486.9
昆虫図鑑
動物図鑑

子どものためにつくった「イラスト分類シール」

column*

小学校の学校図書館の分類を最初に考えたとき、３けたの数字を使って分類しようとしましたが、イラストだったら１年生でも使えるし、むしろ低学年のほうが得意ということに気がつきました。NDCは、もともと言葉を数字に置き換えたものなので、言葉をイラストに置き換えてもいいのではないか？ と思ったのです。結果的には大成功でした。３年生くらいまではカメラ的記憶術の持ち主なので、低学年はビジュアルなら一瞬で覚え、使い方を解説しなくても使えます。それに低学年は恐竜の本に恐竜のイラスト分類シールがついているのを喜び、カニのシールが交じっていれば、その本を抜いてくれるのです！ そうか！ 子どものために何かしようとするなら、子どもの皮膚感覚に合わせればいいんだ！ とわかった瞬間でした。これでようやく子どものための図書館がつくれるようになったのです。

⑥「魚類」の棚の下が１段空くので、そこに、魚と関係のある「釣り」と「水産業」をもってきてしまいます。これで、この図書館にある魚の本がそろう棚ができます。

⑦「哺乳類」８種類を２段に入れます。カモノハシとカンガルーは、ほとんど本がないので、これで十分入ります。

⑧「動物図鑑」の上に、分類記号では６である「ペット」と「畜産」をもってきます。

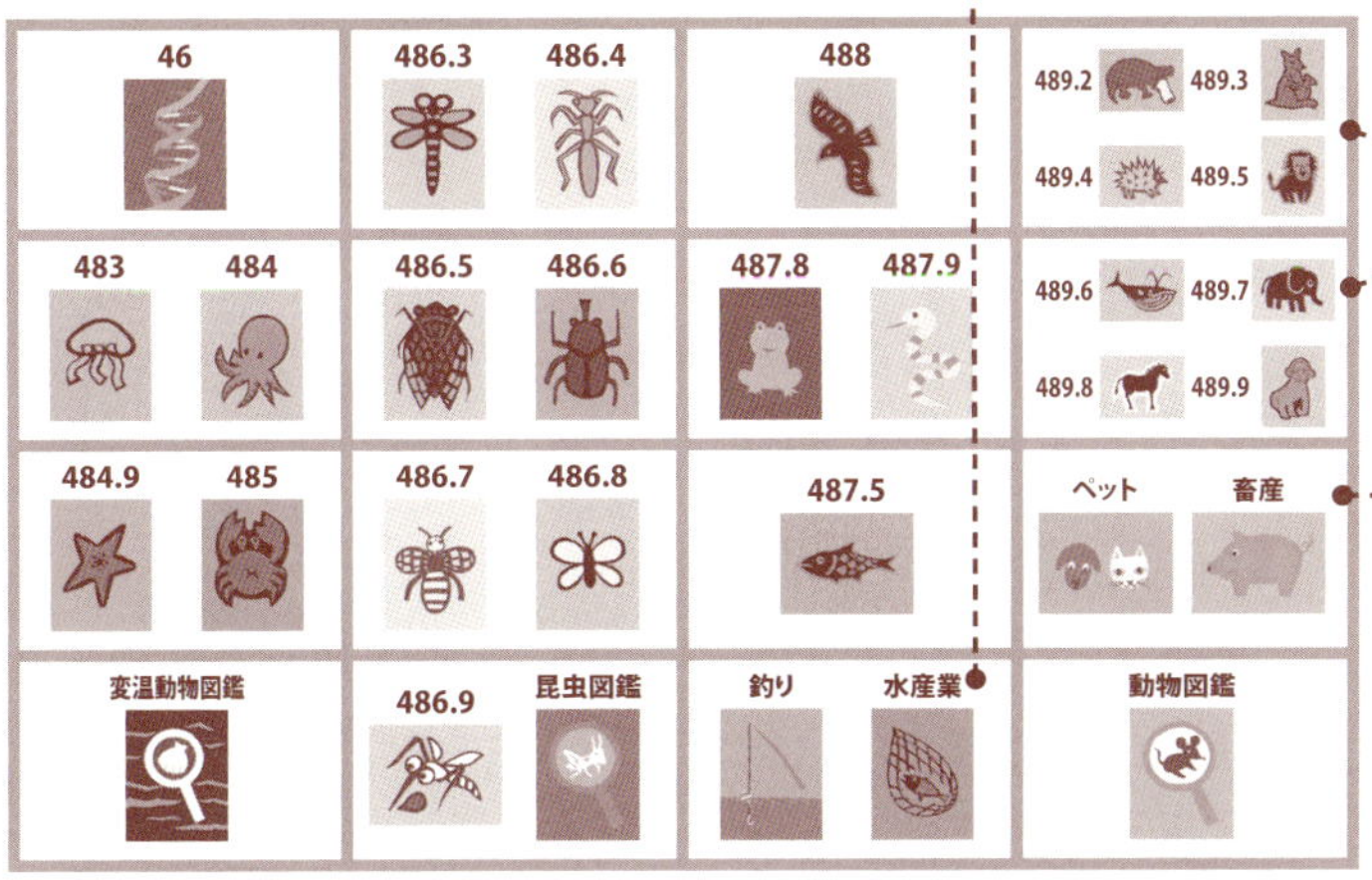

中学校２本５段の場合

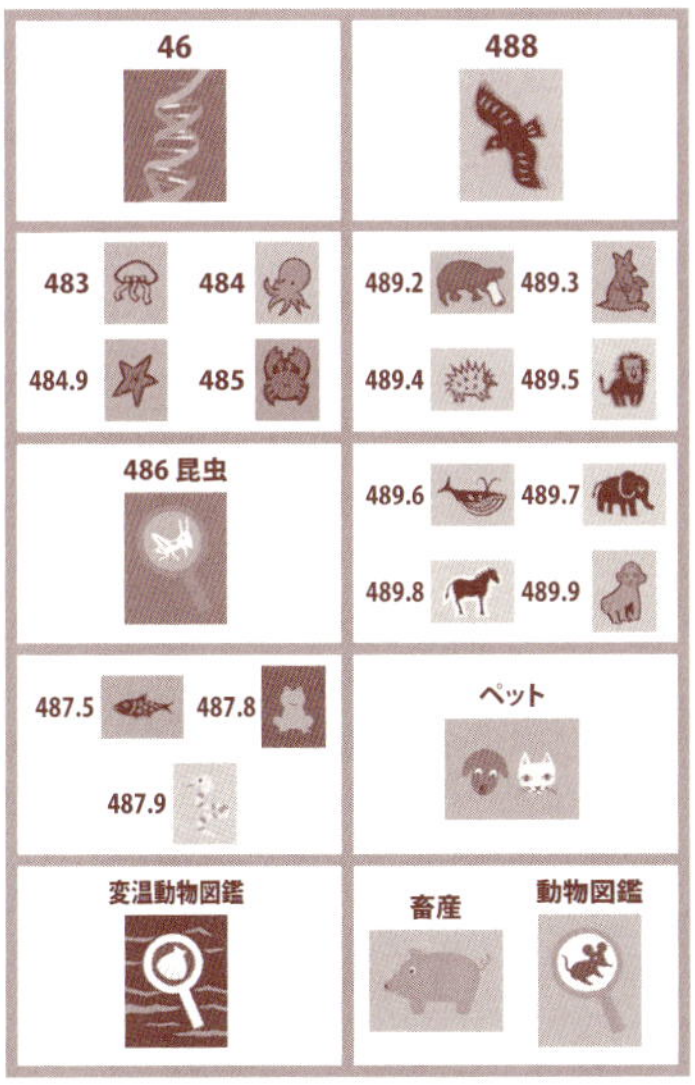

小学校３本４段の場合

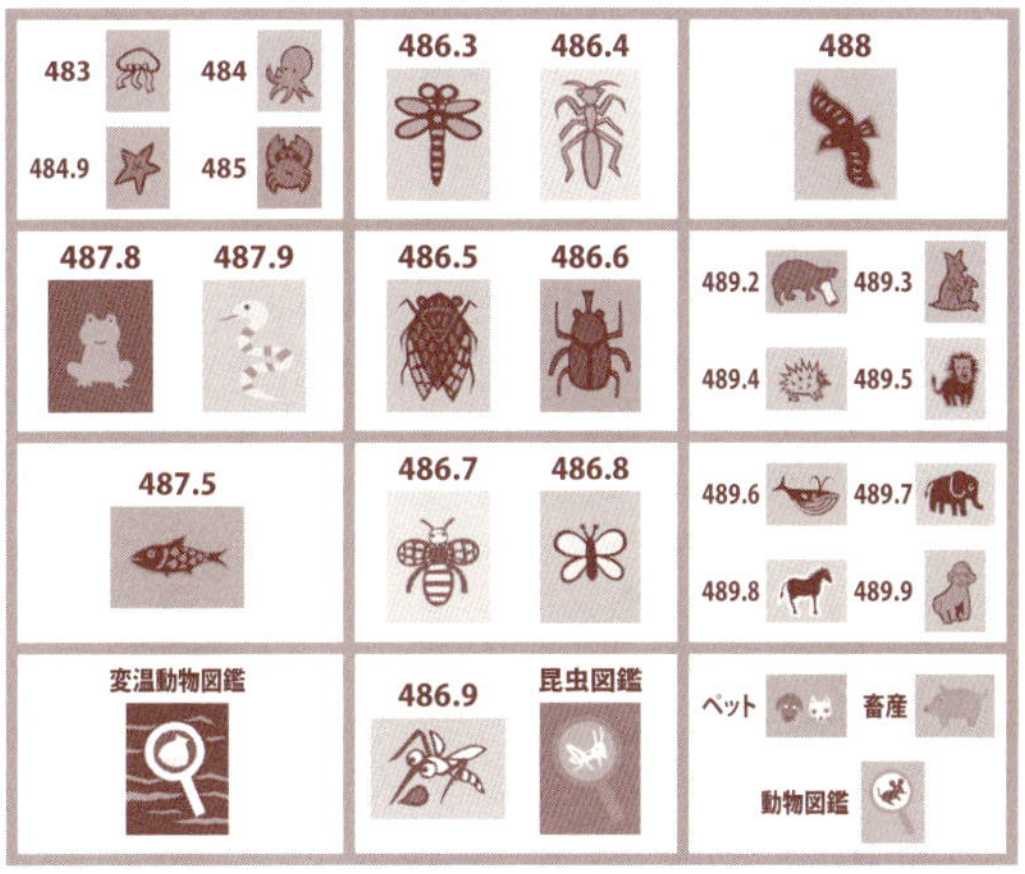

小学校３本５段の場合

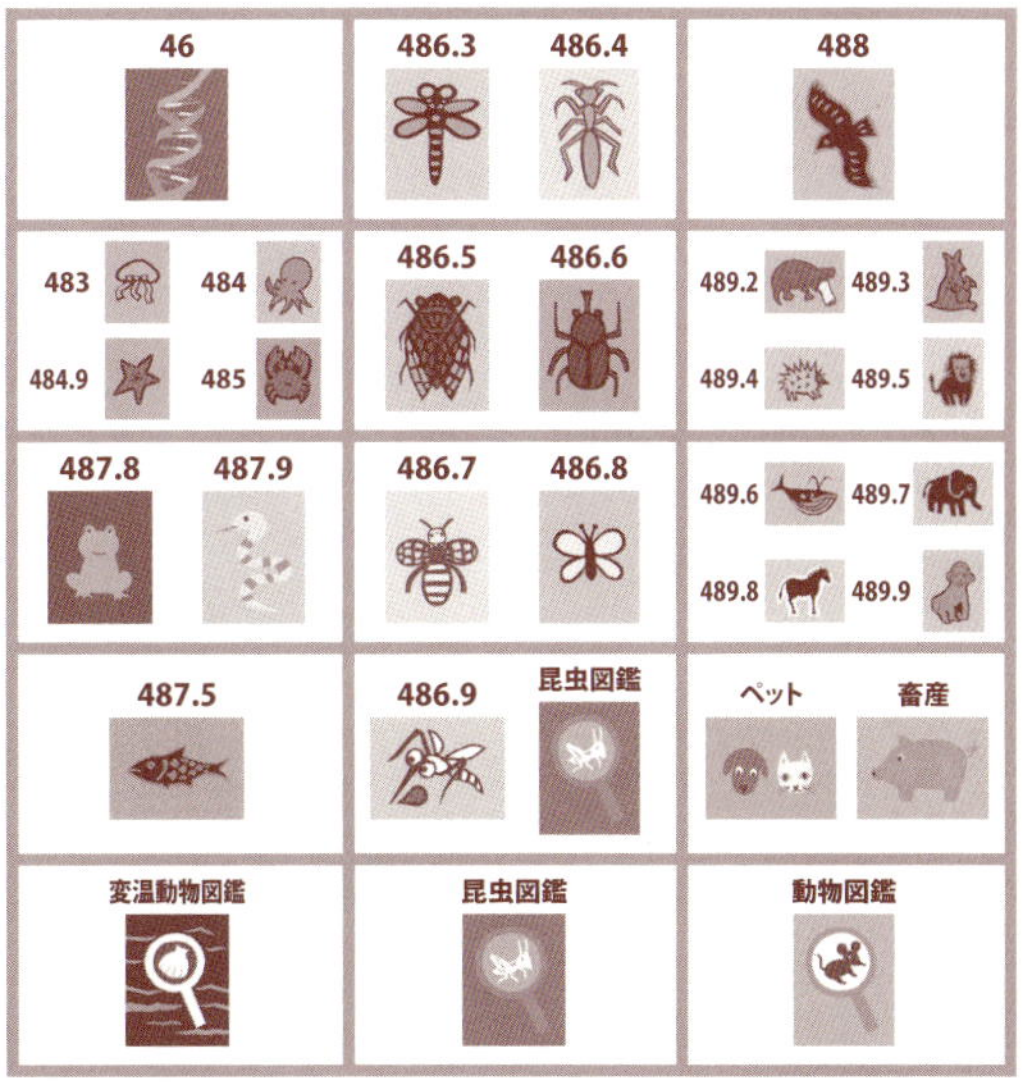

＊書架は１段 90cm 前後を想定しています。

赤木 POINT！

付属の CD に棚づくりの練習用枠を収録しました。これを使って、さまざまなパターンで棚づくりの練習をしてみてください。（P126-127 参照）

小学校の「自然科学」の棚

小学校の「自然科学」の棚を見てみましょう。

この小学校では、A4サイズの書架5段を4本、「自然科学」にとることができました。

今ある本を棚に入れるのではなく、まず、このサイズの図書館なら、このジャンルはこのくらいは必要だと考えて棚をつくります。

そして今ある本を入れ、足りないのなら、〝買って増やす！〟のです。

「生き物の十進分類表」のポスターです。

「変温動物」は、小学校低学年の興味の中心

column*

2、3歳から4年生くらいまでの子どもたちは、なぜか、「変温動物」が好きです。
ミミズ、カタツムリ、ダンゴムシ、ヘビ、カエル……もちろん恐竜も。

1年生までは女子たちもヘビが好きです。でも、2年生になるころから嫌がり始め、男子たちでも4年生くらいから、「ダンゴムシは気持ち悪い」と言いだすようになります。高学年になるころにはイヌ、ネコ、シマリス、ハムスターというような温かい生き物に興味が移っていきます。

そして、そのまま大人になるので、大半の人は「変温動物」が好きではないか積極的に嫌いです。そのため、小学校の書架にはここの本が本当に少ないのです。人間は意識しなければ、自分の嫌いな本は買えないものですから。

子どもたちがまだ「変温動物」が好きなうちに基本的な知識を伝え、あまり嫌悪感を持たせないようにしたいものです。

「自然科学」の本は〝大人用〟〝子ども用〟ではなく〝ビジュアル系〟と〝文字系〟に分けて考え、小学校には〝ビジュアル系〟の科学の本をたっぷりと入れてください。

44	46 483	488	489.2 489.3 489.4
44	484 484.9 485	488	489.5 489.6
41	486.3 486.4 486.5	487.8 487.9	489.7 489.8 489.9
42+43	486.6 486.7	487.5 釣り 漁業	ペット
451 45	486.8 486.9 昆虫図鑑	変温動物図鑑	畜産 動物図鑑

書庫をつくろう

＊ショップを目指そう！

お客さまに商品の間を自由に見て回っていただくのは〝ショップ（お店）〟です。

お客さまが「うわあ、このお店、入りたい！」と思い、
ワクワクしながら陳列棚を見て回れるようにセットしないと、売れるお店にはなりません。

「これが買いたい」というものがなくても、外から見て、「このお店に入ってみたい」

と思い、棚の間を見て回るだけで楽しいお店を想像してみてください。

〝倉庫〟では、そういうお店はできません。
そのため、1年に1回くらいは使うけど、この商品（本）が棚にあると、
ほかの商品（本）も古く見えるよ、というような品物は、奥に引っ込めます。

本は
①除籍して廃棄するもの
②書架から抜いて書庫に置くもの
③書架に残すもの
の3つに分けます。

①除籍して廃棄するもの

本をどうやって除籍するかは、その学校によってやり方や手順が違います。
まずは、どうやったら廃棄できるのかを確認して、除籍と廃棄の仕方を覚えてください。
そして、この段階では背中が壊れてしまったり、ページが抜けてしまったりして、
もう使えない本を10冊ほど、練習として廃棄してみてください。

赤木POINT！
図書館では、必要がなくなった本を目録から消すことを「除籍」、捨てることを「廃棄」といいます。

図 書 館

②書架から抜いて書庫に置くもの

背中が焼けて題名が読めなくなったもの、データが古くなったものは抜いてみてください。

書庫がある場合

もちろん、特別にそういう部屋があればベスト！です。大掃除して（P8を見てね）使わない書架も入れて、わかるように整理してください。

書庫がない場合

壁際から30cm分のスペースがあれば書架を置けるので、書庫には十分です。ほかの教科と共同でもいいので、壁際30cm分を確保して、書架を置いてください。

③書架に残すもの

今、必要な本です。

室内に書庫がつくれない場合

ほかにスペースを見つけます。廊下に書架を置くことも考えてみます。

この小学校には、広い廊下があり、しかも柱と柱の間がくぼみになっていて、初めからここには何かの棚を置くように考えられているように思えました。そこに、図書館から出したA4が入らない書架を置いて、廊下書庫をつくりました。

どこにもスペースがつくれない場合

それも無理！というのなら、これは完全に廃棄するというものは（書類上はまだ廃棄しなくてもいいですから）ダンボールに入れてしまっておきます。そのダンボールの上に板を渡して布をかけて、本の整理用机をつくった、というところもありました。

広めの図書館なら

カウンターを前に少し出して、壁際に書架を入れ、オープン書庫をつくります。書架の中から「戦争」「核」「郷土」「教科書に載っている作家たちの本」などは抜き、ここに置きます。

ここに並べて置くと、カウンターが落ち着いて見え、必要なときにはすぐに出せて便利です。

じゅうたん、絵本コーナーをつくろう

じゅうたんコーナーや絵本コーナーは、ほっとする空間であることが大切です。

じゅうたんコーナー

小学校の図書館に、じゅうたんコーナーは必要です。狭い図書館では、調べに来たクラスと読書の時間に来たクラスの児童、合わせて80人がいられるようにするにはそれしかないからです。じゅうたんコーナーがあれば、そこで30人は収容できるので、2クラス同時に使えます。

また、じゅうたんコーナーは男子の居場所になります。男子は人とくっついているのが大好きで、真夏でも男子が団子状態にかたまるのです。

そこで、このコーナーには男子中心のもの、「のりもの」「恐竜」「クイズ・迷路・なぞなぞ」の３点セットを置きます。

「のりもの」と「恐竜」は内側に向け「クイズ・迷路・なぞなぞ」「映画・アニメ」は女子でも取りやすいように、外向きに置きました。

column＊

NDCの「45 地球・地学」には、「古生物学（恐竜）」が入っています。恐竜は大人にとって化石だからです。でも、小学生にとっては恐竜は生きています。「地球・地学」に恐竜の本を置いておくと、探せないし、棚が浮きます。そのため、これだけじゅうたんコーナーにもってくるのです。

中学生では、もうそこまでの興味はなくなるので、恐竜は化石として、また「地球・地学」に戻します。

赤木POINT!

面出し書架の裏側に布をはって、その上に恐竜のポスターをはりました。

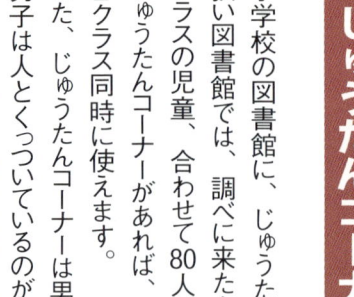

絵本コーナー

絵本のサイズはだいたいが大型です。
A4が入るサイズの低段書架が12~16段あるところが絵本の置き場です。

絵本には、
＊サイズで分ける　＊画家名で分ける
＊著者名で分ける　＊タイトルで分ける　など、いろいろなやり方がありますが、
NDCでは、画家の名前のあいうえお順で分類するやり方を採用しました。
なぜかというと、初期の絵本は『孝女白菊』や『竹取物語』のような、
お話の作者は不詳のものが多く、絵本は最初は「美術」に分類したので、
画家が著者になったのです。
でも、小学校低学年は、著者の概念はまだわかりません。
子どもたちにとっては、ぐりとぐらは生きていて、
山脇百合子さんが描いた絵本ということは頭にないのです。
低学年は『ぐりとぐら』はタイトルで探します。
そのため、絵本だけは、タイトルのあいうえお順のほうが使いやすいです。
シリーズものはシリーズのタイトルの頭文字を取ります。
たとえば『たまごにいちゃん』のシリーズは、どれも〝た〟で分類します。
その後、どこまで細かく分類するかは分量によりますが、
普通の小学校なら絵本は12~16段、〝あ行〟〝か行〟〝さ行〟
〝た行〟〝な行〟〝は行〟〝ま行〟〝やらわ行〟に分類すれば十分です。
絵本は色シールで分類することが多いですが、
色シールは色そのものに意味がないので、全部覚えなくては使えません。
（〝あ〟は群青など）
これが大変なので、覚えていなくても使えるように、
その場で連想できるシールを考えました。
〝あ行〟はアップル、〝か行〟はキーウィ、〝さ行〟はサクランボのシールです。

赤木POINT!
絵本コーナーは
16段あればベスト!

●16段の場合

あ	か	さ	た	な	は	ま	やらわ
あ	か	さ	た	な	は	ま	やらわ

●12段の場合

あ	か	さ	た	な	ま
あ	か	さ	た	は	やらわ

●8段の場合

ワンポイントアドバイス

＊じゅうたんコーナーも、絵本コーナーも、入り口からストレートに見えないところにつくりましょう。

＊絵本コーナーは、じゅうたんコーナーと仲良しです。じゅうたんコーナーの近くに絵本コーナーをもってきます。

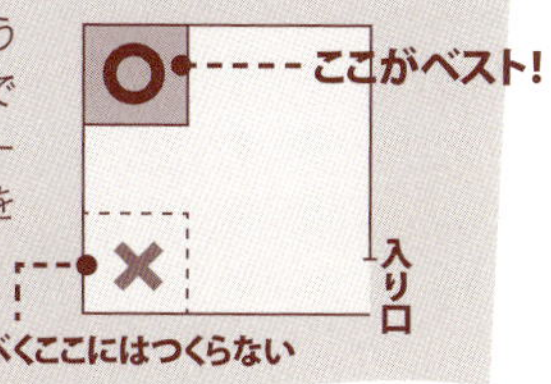

Ⅱ 分類と配置

図書館とは？

ではここから、いよいよ本格的に〝図書館〟づくりです！

*図書館とは何か？

図書館は「学術機関」の中の1つです。
「学術機関」というのは、今まで人間が考えたりつくったりしたものを
① 収集し　② 分類・分析し　③ 保存し　④ 研究し　⑤ 一般に還元する
という仕事をする機関です。
その中で、「私は美術を担当しましょう」と言ったのが〝美術館〟で
「文字と印刷物を担当しましょう」と手を挙げたのが〝図書館〟なのです。

人間が考えたことは必ずといっていいほど、文字に書かれます。
文字になれば〝図書館〟が担当します。
そのため、ここ何千年かの人類の知恵は、
すべて〝図書館〟に集まってくることになりました。
〝図書館〟が人類の〈知の殿堂〉だとか
〈知識の灯台〉といわれるのはそういうわけなのです。

人間は、何か知りたいことがあるときには〝図書館〟という機関に行きます。
もし、それが文字として残っていれば、
どこかの図書館で必ず見つかる！からです。

もし自分の図書館でわからないことがあれば
図書館どうしでお互いにたずね合います。
日本の場合、いちばん大きい図書館は国立国会図書館です。
そのほかに、各都道府県や市町村の図書館、
学校図書館があります。

図書館はお互いに仲良しです。
小さな学校図書館ではわからないことも、
もっと大きな図書館にきけばわかるかもしれません。

＊司書の仕事とは何か？

図書館は何か知りたいことがあったら、調べて答えてくれるところです。
では、そこで働く司書はどんな仕事をしている人なのでしょうか？
司書は、その図書館に必要な
① 資料を集め　② 分類・分析し　③ 保存し　④ 研究し　⑤ 還元する
という仕事をする人のことです。

学校図書館ならば
子どもたちが居心地よく、使いやすい図書館を目指し
その図書館に必要な分類体系を考え
必要な資料を集め
わかりやすく魅力的に見えるように並べ
資料の受け入れ、貸し出し、返却、リクエスト、レファレンス
などの運営業務を行い
また、カーテンや窓を開け、掃除をし、ときにはブックトークもします。

- ＊資　料……学術機関では、自分たちが集めるもののことを〝資料〟と呼びます。例えば、恐竜の骨は〝化石資料〟と呼びます。
- ＊貸し出し……本を図書館から貸すこと。
- ＊返　却……本を図書館に返すこと。
- ＊リクエスト……図書館にこの本が欲しい、と要求すること。
- ＊レファレンス……〝調査〟のこと。調べものの手助けをすることを〝レファレンスサービス〟といいます。
- ＊ブックトーク……本の紹介をすること。

分類について

図書館を預かる役目の人、司書のいちばん基礎の仕事は
〝分類体系を考える〟ということです。
でも、今は、それはわからなくてもかまいません。
なぜかというと、それがわかったら、司書……書を司《つかさど》る
学芸員として、スタート地点に立ったということだからです。
それがわかるようになる！というのが、この初級編のゴールです。

＊「分類」とは何か？

「分類」は「類」に「分ける」と書きます。
「類」は「同じようなもの」という意味です。
つまり「分類」とは、「同じものを同じ所に集めようよ」ということです。

では、何と何を「同じ」と考えるか？
これとこれは同じ、これは違うということを考えるのを〝分類体系を考える〟といいます。

＊「分類」はいつ始めるか？

ものが、覚えきれなくなるくらい多くなったら「分類」を始めます。
どうして？そのほうが便利だからです。
大きなスーパーマーケットを想像してみてください。
山のような品物が「分類」されて並べられているでしょう？
その品物がみんな、商品のあいうえお順に並んでいるところを想像してください。
その店で買い物をするのは不便！
図書館の司書は、利用する人が使いやすくなるように、
そして、本質を探るために、「分類」を考えるのです。

赤木POINT!

＊「分類」のルール＊

1) 暗記できないところまで量が増えたら「分類」を始める
2) これ以上分類したら、わかりにくくなるような「分類」はやめる
3) 意味のない「分類」はしない

＊ランガナータンの5原則

ランガナータンとは、図書館情報学で必ず習う、インドの偉大な図書館学者の名前です。図書館界の巨人ですね。その人が、次の5原則を提唱し、私たちは、今、それに従って図書館をつくっているのです。

1）本は利用するためにある
2）すべての本に、その本の読者を
3）すべての読者に、その人の本を
4）利用者の時間を節約せよ
5）図書館は成長する有機体である

＊NDC

NDCの基は、アメリカの公共図書館の分類です。この分類を森清氏が日本に合うようにつくり変えたものが「日本十進分類法」です。通称「NDC」といいます。日本の公共図書館は、1929年から、これを採用しています。

NDCのルールの原則

1）資料は著者のものである。
2）資料は内容ではなく、まずは表現方法で分ける。
（つまり小説は小説、写真集は写真集で分ける）

NDCとは、Nippon Decimal Classification の略称です。

NDC

NDCのジャンル分類

ここに示したのは、
NDC「4 自然科学」以外のジャンルです。
特に好きなジャンルを見てください。
自分がよく知っているジャンルだと、
これをつくった人がどのように考えたか、
よくわかりますから。
時代背景に左右されているのも、
おわかりいただけると思います。

NDC 6

60 産業
61 農業
62 園芸
63 蚕糸業
64 畜産業．獣医学
65 林業
66 水産業
67 商業
68 運輸．交通
69 通信事業

（61〜66）第一次産業です

（69）郵便やラジオ、テレビも入ります

NDC 7

70 芸術．美術
71 彫刻
72 絵画．書道
73 版画
74 写真．印刷
75 工芸
76 音楽．舞踏
77 演劇．映画
78 スポーツ．体育
79 諸芸．娯楽

（73）かつて版画は一大ジャンルでした

（76）音楽とダンスは一緒

（79）囲碁や将棋はここに入ります

NDC 8

80 言語
81 日本語
82 中国語．その他の東洋の諸言語
83 英語
84 ドイツ語
85 フランス語
86 スペイン語
87 イタリア語
88 ロシア語
89 その他の諸言語

NDC 9

90 文学
91 日本文学
92 中国文学．その他の東洋文学
93 英米文学
94 ドイツ文学
95 フランス文学
96 スペイン文学
97 イタリア文学
98 ロシア・ソビエトの文学
99 その他の諸文学

（90〜99）順番は左の「言語」と同じです

NDC 0

00 総記
01 図書館．図書館学
02 図書．書誌学
03 百科事典
04 一般論文集．一般講演集
05 逐次刊行物 ---- 定期刊行物のことです
06 団体
07 ジャーナリズム．新聞
08 叢書．全集．選集
09+ 貴重書．郷土資料．その他の特別コレクション

NDC 1

10 哲学
11 哲学各論
12 東洋思想
13 西洋哲学
14 心理学
15 倫理学．道徳
16 宗教
17 神道
18 仏教
19 キリスト教

NDC 2

2けた目は地域で分けています

20 歴史
21 日本史
22 アジア史．東洋史
23 ヨーロッパ史．西洋史
24 アフリカ史
25 北アメリカ史
26 南アメリカ史
27 オセアニア史．両極地方史
28 伝記
29 地理．地誌．紀行

NDC 3

30 社会科学
31 政治
32 法律
33 経済
34 財政
35 統計
36 社会
37 教育
38 風俗習慣．民俗学．民族学
39 国防．軍事

NDC 4

「4 自然科学」の分類は P24-25 を見てね！

NDC 5

50 技術．工学
51 建設工学．土木工学
52 建築学
53 機械工学．原子力工学
54 電気工学．電子工学
55 海洋工学．船舶工学．兵器
56 金属工学．鉱山工学
57 化学工業
58 製造工業
59 家政学．生活科学 ---- 料理や手芸はここに入っています

小学校と中学校の分類は？

小学校と中学校の図書館はNDCを採用しています。

でも、ここで大事なことを3つ！

1） NDCは数字を使っていますが、本を書架に並べるときに、この数字の順番で並べるわけではありません。

書庫ではそうしてもかまいませんが、図書館では、順番に並べると、どこに何があるかわかりにくくなり、ランガナータンの原則である〝利用者の時間を節約せよ〟に反します。

たとえば、「社会」の棚は「3 社会科学」「5 技術」「6 産業」と並べて、「4 自然科学」は抜いて他の場所に置きます。「3、5、6」と並べると、そこに「日本のくらし」というコーナーができます。

2） 小さい図書館と大きい図書館は、同じ数だけ分類の札を立てるわけにはいきません。

小さい図書館は、これとこれは一緒にしてという工夫をしないと使い勝手が悪くなります。

たとえば「芝居」は「7 芸術」ですが、劇の脚本は文学なので「9 文学」になってしまいます。

でも、小学校の図書館では、一緒に置いておいたほうが便利です。

NDCの大原則は〝テーマではなく表現方法で〟ですが、
利用者自身に資料を探してもらう今の図書館のやり方だと、
同じものが同じところにあるという見た目も大事になってきます。
だから、〝テーマ〟で分類する方法も交ぜるようになりました。
このやり方を「別置《べっち》」といいます。
毎月、季節の飾りつけをして、そのテーマの本も並べる季節展示やテーマ展示、
毎年、大河ドラマをやっているときだけ、その関係の本を集める期間限定展示、
〝時代劇コーナー〟のように、話題になっている間の展示など、
いろいろな別置を使って、公共図書館は本を配置しています。

別置のルール

便利だからといって、本質から外れた別置はしてはいけません。
たとえば、〝ドキドキワクワクする本〟のような……
何にドキドキするかは、人によって違います。
そういう分類は、〝本質的でない〟のです。

3）大人の図書館と子どもの図書館は、まったく同じ分類や同じ言葉を使うわけにはいきません。

たとえば、大人の図書館なら「医学」の棚は「心臓」「腎臓」という
分類をしていきますが、小学校なら「人のからだの仕組み」だけで十分でしょう。
このような分類が学校図書館では大切です。

次ページから各分類を
詳しく見ていきましょう!
Let's go!

NDC 8,9

「国語」の棚

NDC「8 言語」と「9 文学」を合わせたものが「国語」の棚です。
そのNDCの8と9を学校図書館に使いやすいように線引きしたところ、
学習に使うもの（これからは「国語」と呼びます）と
楽しみのためのもの（「文学」と呼びます）になり、
学習に使うものは、大きく分けて
「国語（文法のような言語学的なもの）」
「詩歌（和歌、短歌、俳句も含む）」
「古典（古代、中世、近世文学）」と
「現代の古典文学」（「クラシック」と呼びます）になりました。
この「国語」の置き場所は、2部屋あるならば「レファレンス」のほうです。
「現代文学」や「絵本」は「エンターテインメント」に置きます。

そして、「国語」のそばに
「日本の昔話」（昔話は民俗学なので、
もともと分類記号は388で絵本ではない）と、
教科書に出てくる宮沢賢治や新美南吉は、別置しておくと便利です。

日本文学クラシック	外国文学クラシック	南吉
日本文学クラシック	外国文学クラシック	賢治
日本文学クラシック	外国文学クラシック	賢治

ワンポイントアドバイス

「国語」だけでこれだけあると、どこに返せばいいかわからなくなります。そこで、本の背に「文法」とか「作文」と書きました。これで、ようやく、どのジャンルがどのくらいあるかはっきりしたので、来年、何を買い足せばいいのかがわかるようになりました。
中学の「国語」には、小学校にはない一般文学（夏目漱石や井上ひさし）も置きます。児童文学もあるなら「児童文学」という棚をつくってしまうのも１つの方法です。今は、夏目漱石や太宰治は大きな新しい活字の文庫本が買えますから、必要ならば、新しく文庫でそろえてしまうのも効果的です。

世界の言葉	ひらがな・ひらがな辞典・日本語	漢字辞典	国語辞典	国語	ことわざ・名言・格言	辞書・熟語・慣用句	百人一首・季語辞典	詩	文学史・ブックガイド
世界の言葉	カタカナ・カタカナ辞典	漢字辞典	国語辞典	文法・作文・感想文・読解	ことわざ・名言・格言	類語・同義語・反語・語源辞典	俳句・川柳	詩	古典文学
世界の言葉	漢字	漢字辞典	国語辞典	文法・作文・感想文・読解	朗読・発音・アクセント	方言・敬語	和歌・短歌	詩	古典文学

この部屋はもとは一般教室で、ここはランドセル置き場でした。そこを「国語」の置き場に変えました。ランドセル置き場は幅が狭いので、ほかのジャンルの書架としては困るのですが、「国語」だけは逆に細かいジャンルごとに分類できるのでわかりやすくなります。ただし、A4サイズの本は入らないので、上に置くことになるのが問題です。書架の幅は、通常 90cm が標準です。75cm よりも幅の狭い書架は、エネルギーが分散されてしまって 1 つのジャンルでまとめることが難しくなるので、書架としてはお薦めできません。

NDC 3,5,6

「社会」の棚

「社会」の棚はNDCの記号でいうと、「3 社会科学」「5 技術」「6 産業」です。

この3つがセットで「日本のくらし」になります。

NDC 3 社会科学

31 政治 --- 政治

32 法律 --- 法律

33 経済
34 財政 --- 経済 一緒にします。

仕事 老人 性教育 戦争 ハンディキャップ ボランティア 防災 核 は別置。

35 統計 --- 日本のくらし に入れておいてもいいし、百科事典 に入れてもいいです。

36 社会 --- 日本のくらし

37 教育 --- 教育 あまり使わないので、置き場所はカウンターの周りです。

38 風俗習慣．民俗学．民族学 --- 日本のくらし 「民話」もこの分類に入るのですが、ここに「民話」を置くと、周りから浮いてしまうので、「民話」は「国語」のところに置きます。

39 国防．軍事 --- あれば 戦争 へ。

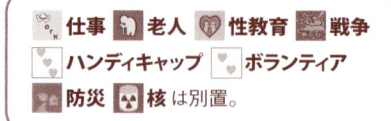

NDC 5 技術

51 建設工学．土木工学
52 建築学 --- 建築・土木 別置として 防災

53 機械工学．原子力工学 --- 機械工業 ロボットを入れます。 / 核

54 電気工学．電子工学
55 海洋工学．船舶工学．兵器
56 金属工学．鉱山工学
57 化学工業
58 製造工業 --- 技術と産業 発明はここ!

59 家政学．生活科学 --- 料理 食育・ダイエット / 家庭科・手芸・ファッション

電車・船・車・飛行機は、小学校では のりもの として別置します。

NDC 6 産業

61 農業・**62 園芸** --- **農業・園芸** この中で、小学校ではお米の学習があるので「米」は別置します。置き場所は「自然科学」のところです。

63 蚕糸業 --- このジャンルの本は、今はほとんどありません。昔、養蚕が盛んだった地域なら郷土に入れるほうがいいでしょう。その他の地域では、**チョウ** か **技術と産業** に入れましょう。

64 畜産業．獣医学 --- **ペット**と **畜産**は動物の棚に移動させます。

65 林業 --- **木・林業** 子どもの本では一緒に書かれていることが多いので、一緒に入れます。

66 水産業 --- **漁業・水産業** 置き場所は487の魚類の隣です。

67 商業・**68 運輸．交通** --- **商業・運輸** 子どもの本では、花畑から花を摘んで、トラックで運び、花屋で売るまでが1冊で分けられなかったので、一緒にしました。

69 通信事業 --- **通信・マスコミ** 通信・マスコミ・テレビ・ラジオ・郵便などです。
コンピュータ関係はカウンター周りに別置。

これらの分類に加えて、小学校で必要な分類として、自分の町を調べる授業があるので、**公共サービス** と **仕事** の棚をつくりました。中学校は **公共サービス**は要りません。

ワンポイントアドバイス

●中学校の場合

「仕事」は、カウンター周りや「進路」という棚をつくって、隣に置いたりもします。中学生は、この２つのジャンルにとても興味があるのです。

「社会」の棚の配置例

政治
法律
防災
経済
公共サービス
建築・土木
日本のくらし
技術と産業
日本のくらし
機械工業
仕事
商業・運輸
マスコミ

２本あれば、３、５、６が入ります。

窓下低段書架でもOKです。

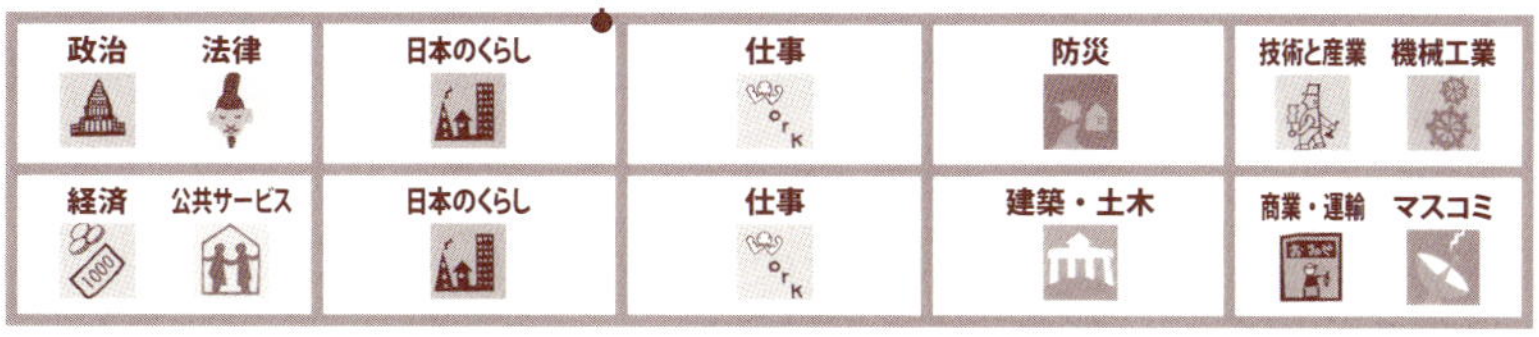
政治
法律
日本のくらし
仕事
防災
技術と産業
機械工業
経済
公共サービス
日本のくらし
仕事
建築・土木
商業・運輸
マスコミ

「地理・歴史・伝記」「世界のくらし」の棚

地理・歴史・伝記

2は「歴史」「地理」「伝記」の3兄弟です。
「歴史」と「地理」は、「日本」と「世界」に分けたほうがわかりやすいでしょう。
「日本の歴史」と「日本地理」で1本、「伝記」で1本です。
できれば、この書架の近くに日本の県別地図を目印にはります。

●上段がA5サイズ。下段がA4サイズの棚板が動かない書架の配置例

日本の歴史
伝記
日本の歴史
伝記
日本の歴史
伝記
日本の歴史
伝記
日本の歴史
日本の地理

「歴史」と「伝記」は、文字量の多い読み物の本が多かったのですが、最近はビジュアル的な大型の本も増えてきました。このような書架の場合、配置例のように配置しないと、本が書架にうまく収まりません。

ワンポイントアドバイス

「日本の地理」は平成の大合併のため、買い換える必要があります。
そのときに、それ以前の本は廃棄しましょう。

世界のくらし

「世界のくらし」は、世界地図をはって、子どもに興味を持たせるように見せられるジャンルです。

そこで、できるだけほかのものと関係ない目立つ場所を置き場所にします。

分類は「世界のくらし（歴史を含む）」「世界のことば（英語含む）」「世界の地理」の3つです。

置き場所があれば、ここに「世界の昔話」も置きます。

国によっては、昔話の本しか情報がない国もあるからです。

世界のくらし
世界のことば
世界のくらし
世界のことば
世界のくらし
世界のことば
世界のくらし
世界のことば
世界地図・国旗・国歌
世界地図・国旗・国歌

スペースがあれば、

- ヨーロッパ・ロシアの民話
- 中国・アジア・中近東の民話
- 北米の民話
- 南半球の民話

も置きます。

せかいのむかしばなし
世界の昔話
カボックの木
おおきなかぶ
しあわせハンス

「世界の昔話」の本は、面出し書架に置くのも手です。

ほとんどが絵本で、表紙も派手なので飾りやすいです。

NDC 7

「芸術・スポーツ」の棚

「7 芸術」の分類の2けた目はこうなっています（図1）。
でも、小学校に「彫刻」という分類は要らないでしょう。
前半は「美術」だけで十分です。
そして後半を細かく見ると（図2）、
必要なところをクローズアップして
「美術」「工作」「音楽」「演劇」「アニメーション・映画」
「折り紙・あやとり」「室内遊戯（囲碁・将棋その他）」
「アウトドア」「スポーツ」「釣り」、
そして、1から「占い」、5から「料理」
「家庭科（手芸その他）」「食育」を、
この棚に入れると、14ジャンルになりました。

ティーンズ文庫	ヤングアダルト
ティーンズ文庫	ヤングアダルト
少女小説	ヤングアダルト
少女小説	ヤングアダルト
料理	ダイエット・食育
料理	ダイエット・食育

※イタリックの YA はティーンズ文庫。

図1

70 芸術．美術
71 彫刻
72 絵画．書道
73 版画
74 写真．印刷
75 工芸
76 音楽．舞踏
77 演劇．映画
78 スポーツ．体育
79 諸芸．娯楽

図2

770 演劇
771 劇場．演出．演技
772 演劇史．各国の演劇
773 能楽．狂言
774 歌舞伎
775 各種の演劇
776
777 人形劇
778 映画
779 大衆演芸

ミステリー	ミステリー	SF	ホラー	ファンタジー	ファンタジー
ミステリー	ミステリー	SF	ホラー	ファンタジー	ファンタジー
ミステリー	ミステリー	中国文学	ホラー	ファンタジー	ファンタジー
ミステリー	ミステリー	ミステリー	ホラー	ファンタジー	ファンタジー
時代小説	スポーツ　アウトドア	工作・技術	美術	折り紙・あやとり　囲碁・将棋・トランプ・手品・室内ゲーム	占い　家庭科・手芸・ファッション
笑い話・落語・講談・ことば遊び	スポーツ　アウトドア	工作・技術	美術	折り紙・あやとり　囲碁・将棋・トランプ・手品・室内ゲーム	音楽　演劇

この小学校の書架は、一般的なタイプの書架です。上4段は小型の文学の本しか入らず、下2段は大型本用なので、上と同じように小型の本を入れてしまうとしっくりきません。図書館の書架はできるだけ、棚移動ができるものがいいです。

そのため、上段には「現代文学」、下段には「絵本」か「芸術」を入れるか、どちらかしかありません。ここでは、下段に「芸術」を入れてみました。なるべく、上段の「文学」ジャンルと下段の「芸術」ジャンルは合わせます。上段を女子向きにつくったら、下段も女子向きにつくります。

ワンポイントアドバイス

中学校の「芸術」の分類は、小学校とほとんど変わりませんが、「折り紙・あやとり」は特別な理由がないかぎりは、もう必要ないでしょう。中学校の「工作」は「技術」と言葉を変えます。ほかは小学校の分類と同じです。

NDC 9

小学校の「文学」の棚

小学校の低学年は、題名が漢字ではほとんど読めません。
そのため、作者名のあいうえお順による分類では、
自分の読みたい本をなかなか探せません。
そこで、文学は「ホラー」「ファンタジー」「SF」
「ミステリー」のジャンルの別置として分類してみました。
ジャンルで分けておけば、自分の好きな棚、
たとえばミステリーのところに行って、
端から「読んだ、読んだ、読んでない！」と、
あっという間に読みたい本を選ぶことができます。
このように配置したら、読書の時間に本を探して
ウロウロする子どもはいなくなりました。
追加で「中国文学」「時代劇」「少女小説」も
分類したところ、貸し出しがわっと増えました。
そういうジャンルものを除いたら、
普通のくらしを描いた物語が残ります。
そして日常を描いた物語は、現在では
「ケータイ以前」「ケータイ以後」に分けられます。
携帯電話とインターネットが出てこない小説は、
今の子どもたちにとっては大人にとって尾崎紅葉が
そうであるように〝クラシック〟なのです。
この〝クラシック〟は「国語」の棚の隣に
もっていくと、しっくりと落ち着きます。
ここは1つの例です。
学校によって書架のタイプも本数も違うので、
配置もまったく同じというわけにはいきません。

YA

「文学」は、小学校と中学校で別々に解説します。

ミステリー	SF	ホラー	ファンタジー	ファンタジー	ヤングアダルト
ミステリー	SF	ホラー	ファンタジー	ファンタジー	ヤングアダルト
ミステリー	中国文学	ホラー	ファンタジー	少女小説	ヤングアダルト
ミステリー	中国文学	ホラー	ファンタジー	少女小説	ヤングアダルト
ミステリー	スポーツ	工作・技術	映画・アニメ	音楽　しばい	ヤングアダルト
コミック	アウトドア	折り紙・あやとり　囲碁・将棋・トランプ・手品・室内ゲーム	映画・アニメ	美術	ヤングアダルト

NDC
9

中学校の「文学」の棚

本は、この世に本当にあるものを書いた
〝リアル系〟と、だれかがつくり出したお話の
〝空想系〟の2つに分けられます。
図書館は、NDCの0〜9までの
10個の数字を使って本を分けていますが、
0〜9のうち、0〜8までの9/10は
〝リアル系〟です。

〝空想系〟である文学は
全体の1/10でしかないうえに、
文学の中でも「紀行文」や「ドキュメンタリー」
「エッセイ」は〝リアル系〟の文学です。
〝空想系〟と〝リアル系〟の両方を
好きな人は、あまりいません。
小説も、法律や政治や機械工学の本も
読むという人は、あまりいません。
そして小学生男子では、おそらく8割以上が、
女子も過半数は〝リアル系〟で、
物語はあまり好きではありません。
ただ、小学生は4年生くらいまでは、
実際に起きることと起きないことの
区別がぼんやりとしかつかないので、
小説もリアルなものと思って読んでいたりします。
でも、中学生は、現実と非現実の
区別がはっきりとつくようになります。
〝リアル系〟の人は、極端にいえば、
フィクションは読まされたくないのです。

そこで、中学校の図書館では、
「ヤングアダルト」（現代がテーマの空想系）
「危機管理」（空想系もリアル系も、
テーマは肉体的・精神的虐待）
「生き方」（リアル系のもので、
子どもが興味を持つものなら何でも！
携帯小説もここに入れます）
の3本立ての別置コーナーをつくります。
もちろん、こういう別置は、
時代が変わり、好みが変わり、
この分類では世の中と合わなくなったら、
本はもとの分類に戻し、
また、合う分類を考えます。
だれかが、その図書館に必要な分類体系を考え、
セットすることで、その本を必要としている
人の手に遅滞なく渡る……
そのために、司書はいるのです。

"空想系"	"空想系"	"リアル系"	"リアル系"
ヤングアダルト YA	ヤングアダルト YA	危機管理	人体の仕組み
ヤングアダルト YA	ヤングアダルト YA	心の問題	人体の仕組み
ヤングアダルト YA	ヤングアダルト YA	心の問題	人体の仕組み
ヤングアダルト YA	ヤングアダルト YA	性教育　心の問題	人体の仕組み
ヤングアダルト YA	ヤングアダルト YA	ボランティア	ハンディキャップ
ヤングアダルト YA	ヤングアダルト YA	死　老人	ハンディキャップ

赤木POINT!

いちばん右に「人体」があるのは、「心」と「からだ」をセットにと考えたからです。

NDC 1,3

「心とからだ」の棚

まずは「医学」「人体、からだ」ですが、「医学」は、
からだのそれぞれのパーツごとに分類されているので、
公共図書館の大人向け医学ならば
「脳」「腎臓」「心臓」などに分類されます。
そして大きな図書館ならば、病名ごとに
「心筋梗塞」や「腎臓病」というサインがついています。

小学生には「からだの仕組み」だけで十分ですが、
「歯」は特別に分類します。
小学生にとって「歯」は大事だからです。
中学生は「人体」と「性教育」だけでいいでしょう。
どこをどこまで分類するかは、どこまで必要か！によるのです。

NDC「3 社会科学」の後半、「社会」や「教育」の扱いは難しいです。
NDCは、いわば縦に分類しているのに、
子ども用の本は横断してつくられているので、うまく分類できないのです。
また、1の「心理学」「倫理学」「宗教」などでは、
小学生の「心理学」は真面目な
〝困っているときにどうすればいいの？〟か
「エンターテインメント」としての「占い」です。
しかも、この1と3の本は重複します。
考えた末、思い切って1と3を合体させた別置を考えました。

ハンディキャップと病気、医師と看護師
生き方を考える（子どもたちが好きそうなリアル系なら何でも）
ボランティア

NDC 0

「レファレンス」の棚

0は「総記」です。

いろいろなものが一緒に入っていて分類できない百科事典や図鑑、全集、論文、また、どこにも行くところがない困りもの、そして図書館情報学が入っています。

この困りものの代表は〝まだ証明されていない科学〟です。

たとえば……〝私は宇宙人に遭遇した！〟という本を「天文学」に入れてもいいだろうか？と悩んだときは0へ！

そういう〝まだ証明されていない科学〟だけではなく、ギネスブックのような〝雑学本〟もここです。

ここはいろいろな種類のものが集まったわかりにくい棚になるので、ちょっと工夫しましょう。

＊方法1　初めから0に分類しない

科学系の図鑑は、なるべく0ではなく、それぞれの分類に入れます。

カブトムシの図鑑は「486．6 甲虫」へ！

いろいろな昆虫が入っている昆虫図鑑は、
小学校は4けたまで分類するので、「486．0」になりますね。

中学校は、3けたまでしか分類しないので、カブトムシの図鑑も昆虫図鑑も全部一緒で「486 昆虫」という分類になります。

＊方法2　0に集まった本を真面目なものとエンターテインメント系に分ける

真面目なもの（百科事典とか図書館の使い方）は「レファレンス」へ、楽しいもの（ギネスブックなど）は「エンターテインメント総記」という名前をつけて、「エンターテインメント」のジャンルの近くへ置きます。

赤木POINT！
0を百科事典をはじめとするレファレンスツールだけにすると、すっきりします。

部屋の配置を考える

どのジャンルを部屋のどこに置くのか、を考えます。
この配置こそ、図書館の要です。
うまくいけば人がたくさん来る、
居心地のいい図書館になりますが、
これがいちばん難しいのです。

梁《はり》と柱

配置を考えるときには、
まず、梁と柱がどこにあるのかを見ます。
人間の目は、あまり広い空間は認識することができません。
梁や柱が目に入ってくると、無意識にそれを基準に、
自分が把握できるサイズに空間を分けてつかもうとします。
そこで、梁と柱で自然に区切られた空間を
「エンターテインメント」と
「レファレンス」に分けるとうまくいきます。
「エンターテインメント」に入るのは、
「絵本」「現代文学」「芸術・スポーツ」「自然科学」。
そのほかは「レファレンス」です。

1 部屋の図書館ですか？　2 部屋ですか？

なるべくなら学校図書館は広い 1 部屋が望ましいです。
隣に書庫があって、その隣がコンピュータ室だったら、完璧!

どうしても 2 つに分かれてしまうときは？

☆低学年の部屋と高学年の部屋に分けることは避けます。
たしかに子どもは学年で分けられますが、本は学年では分けられないからです。
恐竜の本はどちらに置けばいいか、わからなくなってしまいます。
☆絵本室もつくらないでください。
一見かわいく見えるかもしれませんが、今の絵本は低学年用だけではありません。
この本は中学年以上という絵本が、今はたくさんあります。

図書館に割り当てられた部屋は図書館だけで使うのがベスト! です。
視聴覚の授業や会議は、なるべく他の部屋でやってもらうようにしてください。

リアル系のコーナーです。❺の進路とセット!

After

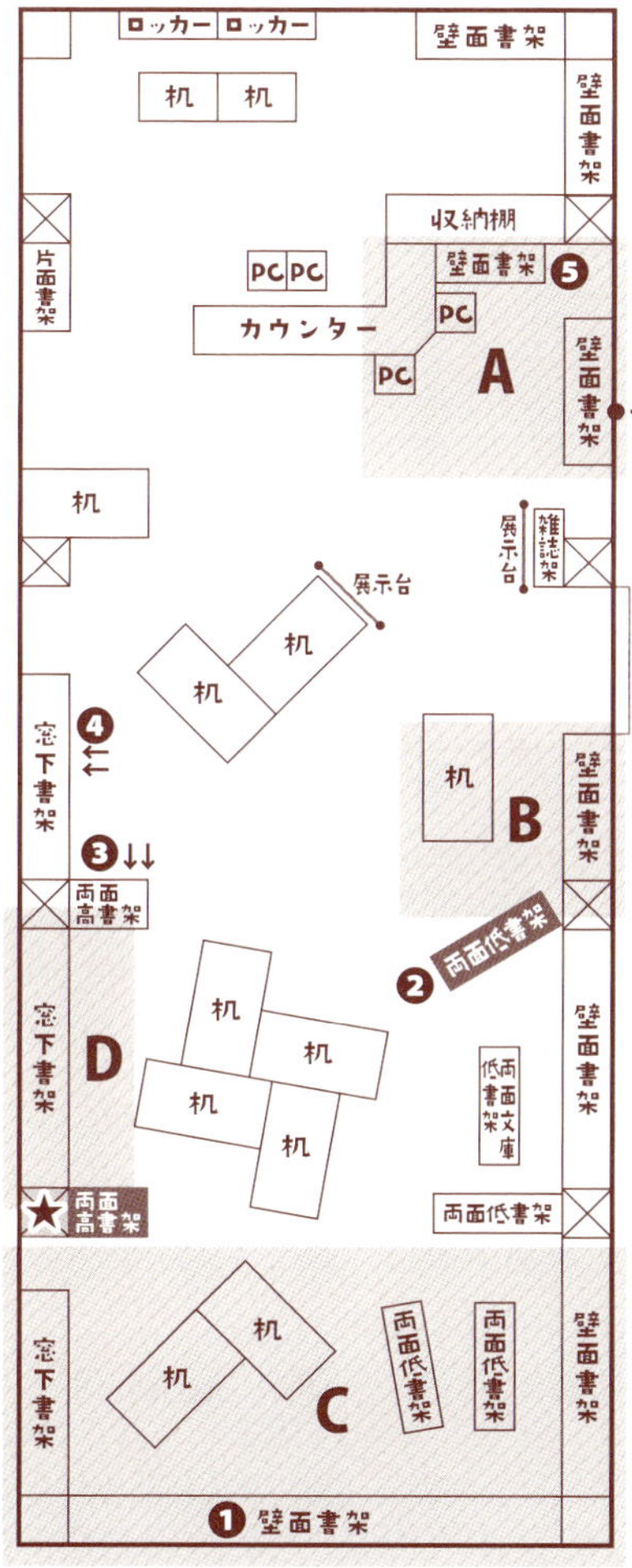

Before

ここは司書室なので、実際に使えるのは4部屋です。

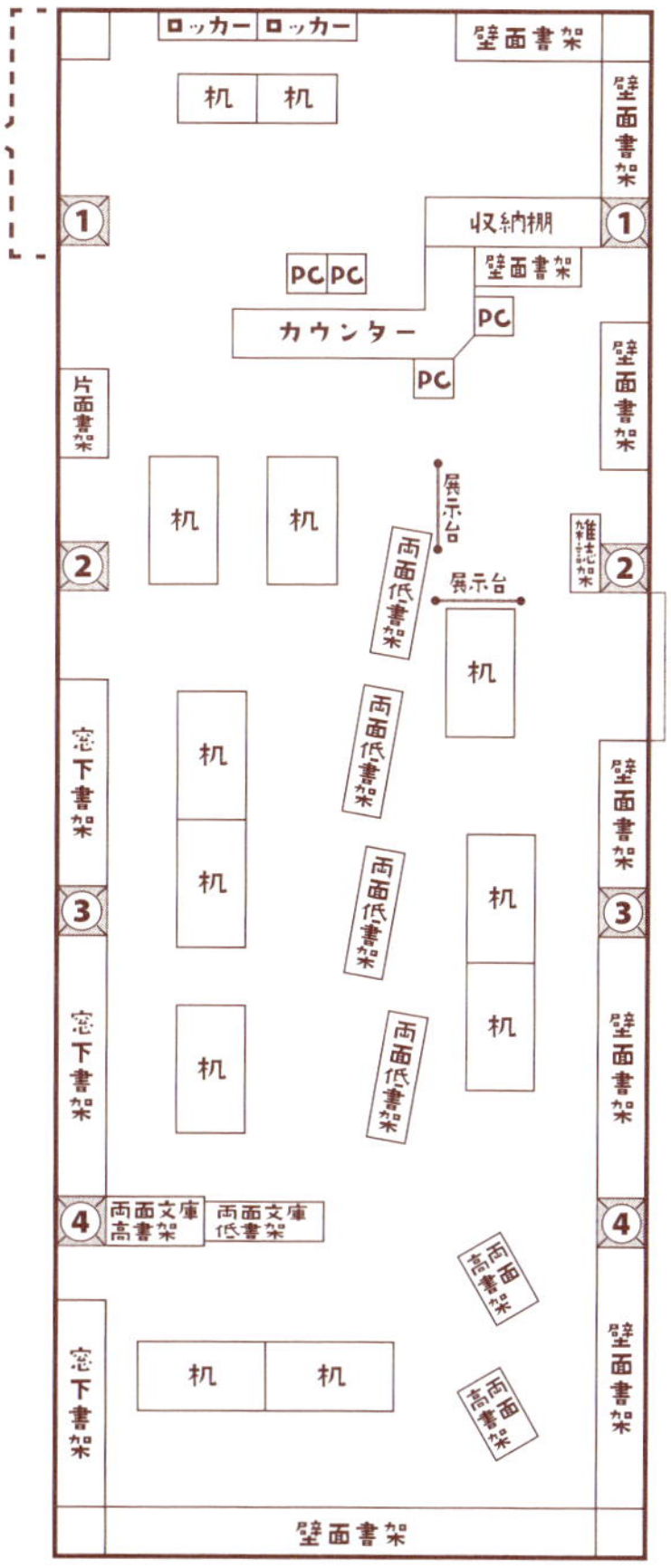

Before

この高校の図書館は、細長い長方形の部屋で、両側に4本(①②③④)、柱があります。(ということは、天井にも4本梁が走っているはずです)つまり、この部屋は5つの空間に区切られる、ということになります。最初は、机も書架も全部縦置きのため、細長い部屋が強調されて、どこに何があるかわかりにくい、人が動きにくい配置になってしまっていました。実は以前は、全部の書架を書庫のように奥に縦並べで置いてあったので、それを改善するために、こう並べ変えたそうですが、並べる方向が逆だったのです。特に入り口を入ると真正面に展示机があったので、入ってきた人のエネルギーがそこで止まってしまい、どこに向かっていけばいいのか、わからなくなっていました。

After

長方形の部屋なので、人が動きやすいように斜めにデザインしたいというのが最初の発想です。ジャンルでは、「レファレンス」「リアル系」「エンターテインメント文学」「芸術」「スポーツ」「社会」「歴史」「国語」、また「被服」や、調理科があるので「料理」も必要です。まずは柱のところに1本ずつ中段書架をもってきて、部屋の区切りをつくりました。いちばん奥の天井まである書架(❶)は文学サイズの本しか入らない書架ですから、ここが「国語」になります。立派な文学全集を飾ります。いちばん奥の**C**は「社会科学」や「産業」など勉強に関連するジャンルを入れます。ここに両面低段書架を斜めに配置し(ここに「歴史」も置きます)、机も斜めに置いたことで空気が動き、停滞感がなくなり、居心地のいい空間になりました。**B**は「エンターテインメント」になります。カウンターの位置は動かせないので、まず**A**ブロックには「リアル系」をもってきました。ここは「レファレンス」や「進路」の場所になるので、「リアル系」が似合います。入り口を入ってすぐ左手は「エンターテインメント文学」です。「ホラー」「ミステリー」「ファンタジー」を置き、その書架の下段は大型の本が入る書架だったので、「映画」や「アニメ」、「音楽」を入れました。そのとき両面低段書架(❷)を部屋の壁に垂直に置くと、そこでエネルギーが分断されてしまうので、斜めにしました。斜めの目標は反対側の壁の柱(★)です。**D**は「料理」のコーナーです。両面高段書架(❸)の反対側には「被服」、窓下書架(❹)には「スポーツ」を入れました。机はどうしても10台入れたいというので、邪魔にならない方法として風車のように置きました。この机の中央では展示もできます。

大きい部屋のデザインを考える

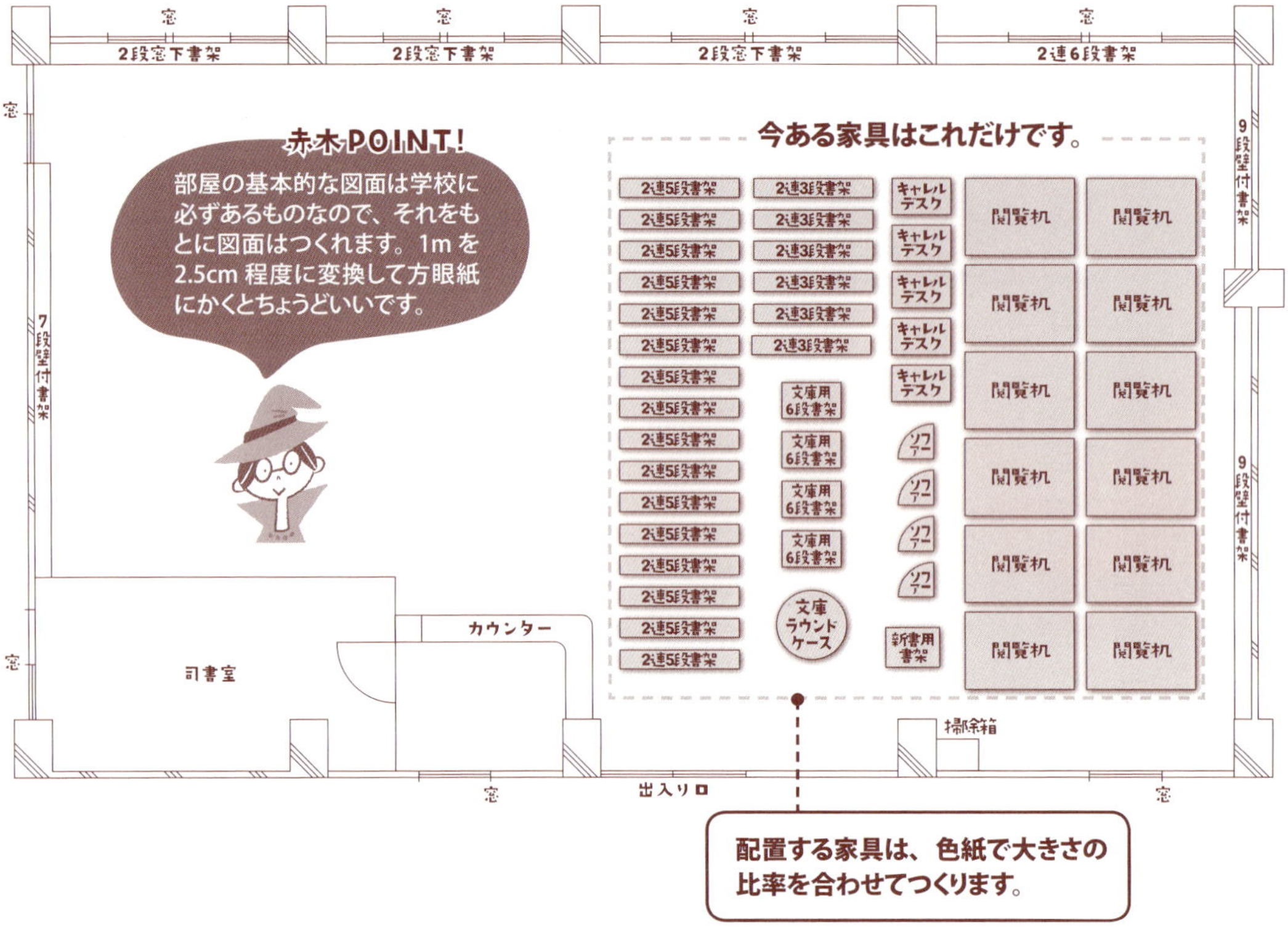
窓
2段窓下書架
2段窓下書架
2段窓下書架
2連6段書架
9段壁付書架
7段壁付書架
赤木POINT!
部屋の基本的な図面は学校に必ずあるものなので、それをもとに図面はつくれます。1mを2.5cm程度に変換して方眼紙にかくとちょうどいいです。
今ある家具はこれだけです。
2連5段書架
2連3段書架
キャレルデスク
閲覧机
文庫用6段書架
ソファー
文庫ラウンドケース
新書用書架
カウンター
司書室
掃除箱
出入り口
配置する家具は、色紙で大きさの比率を合わせてつくります。

この高校の図書館は、１辺が15m以上ある部屋です。一般的な長方形で、どんなふうにもデザインできるので逆に悩むというタイプの空間です。このような大きい部屋のデザインを考える場合、机や書架が計算どおりに入るかどうか見当をつけるのは難しいことです。そういうときは、方眼紙に部屋の図面をかき、書架や机やソファーなど配置するものを厚紙でつくって、置きながら考えると、入るかどうかがわかります。

これらのジャンルをどこへ？

- 国語
- 工業・産業
- 世界のくらし
- 人体
- 社会学
- 自然科学
- 歴史・地理・伝記
- エンターテインメント

これらのジャンルを、この部屋のどこに配置するかを考えながら、家具の配置を考えていきます。

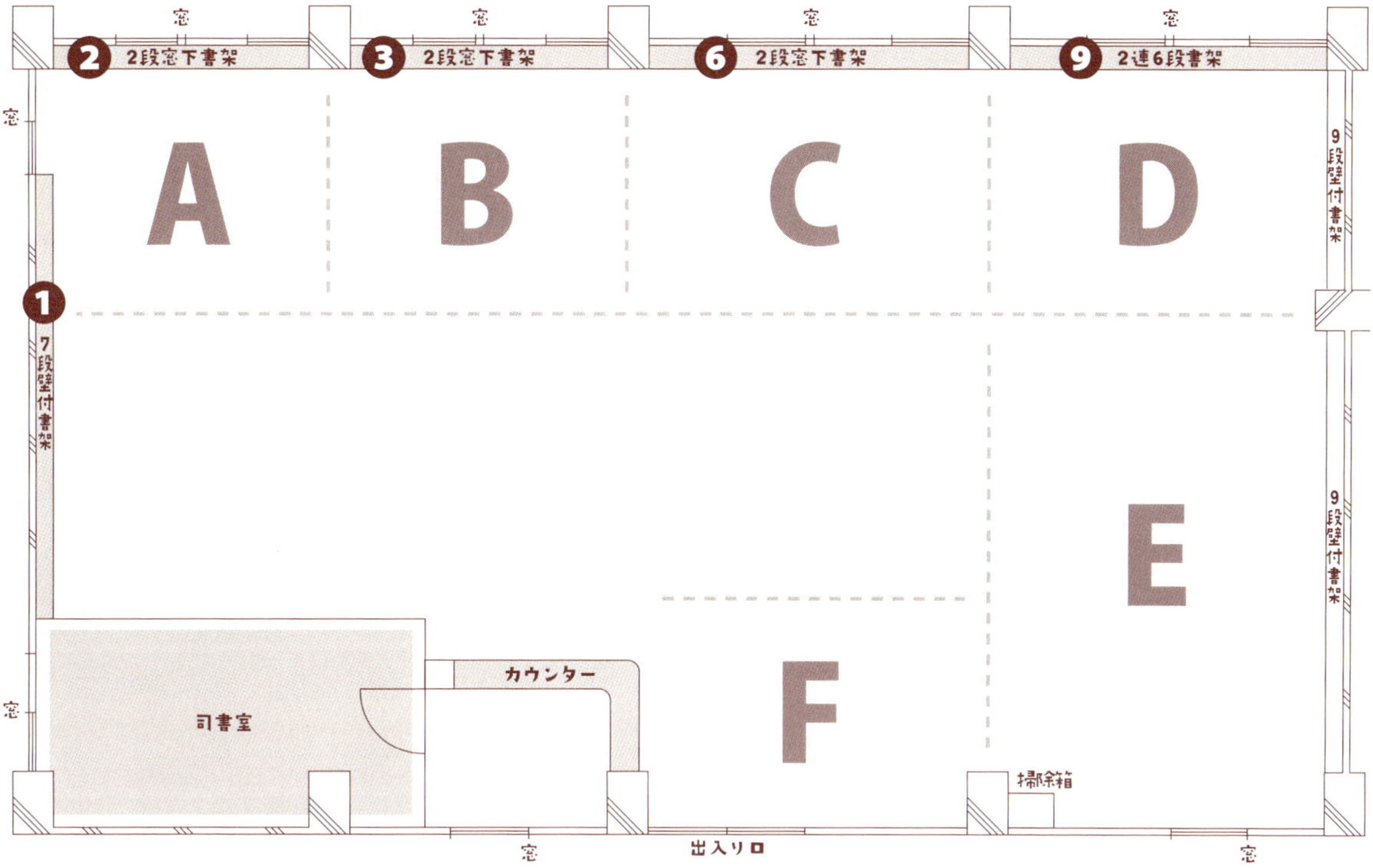

まず最初に考えること

●動かせないところはどこ?

この部屋で動かせないのは、司書室、カウンター、
つくり付けの7段壁付書架(❶)、
2段窓下書架(❷❸❻)、2連6段傾斜式書架(❾)ですね。
それから、季節によってはストーブなどを出すなら、
そこには移動できるもの
(フェア用のテーブルなど)しか置けません。

●部屋をざっと「エンターテインメント」と「レファレンス」に分ける

カウンターからいちばん遠い**D**を
「エンターテインメント」にすると、
その反対側の**A**が
「レファレンス」になります。
❶には動かせない
壁付高段書架があり、
ここを「国語」にすると
分量的にもいいので、
左側が「レファレンス」
でいいでしょう。

ワンポイントアドバイス

* 「エンターテインメント」は、ほっとくつろぐ空間がいいので、カウンターや入り口から離れたところを考えます。
* 「レファレンス」は、カウンターと司書室の近くに置きます。

順番に配置していく

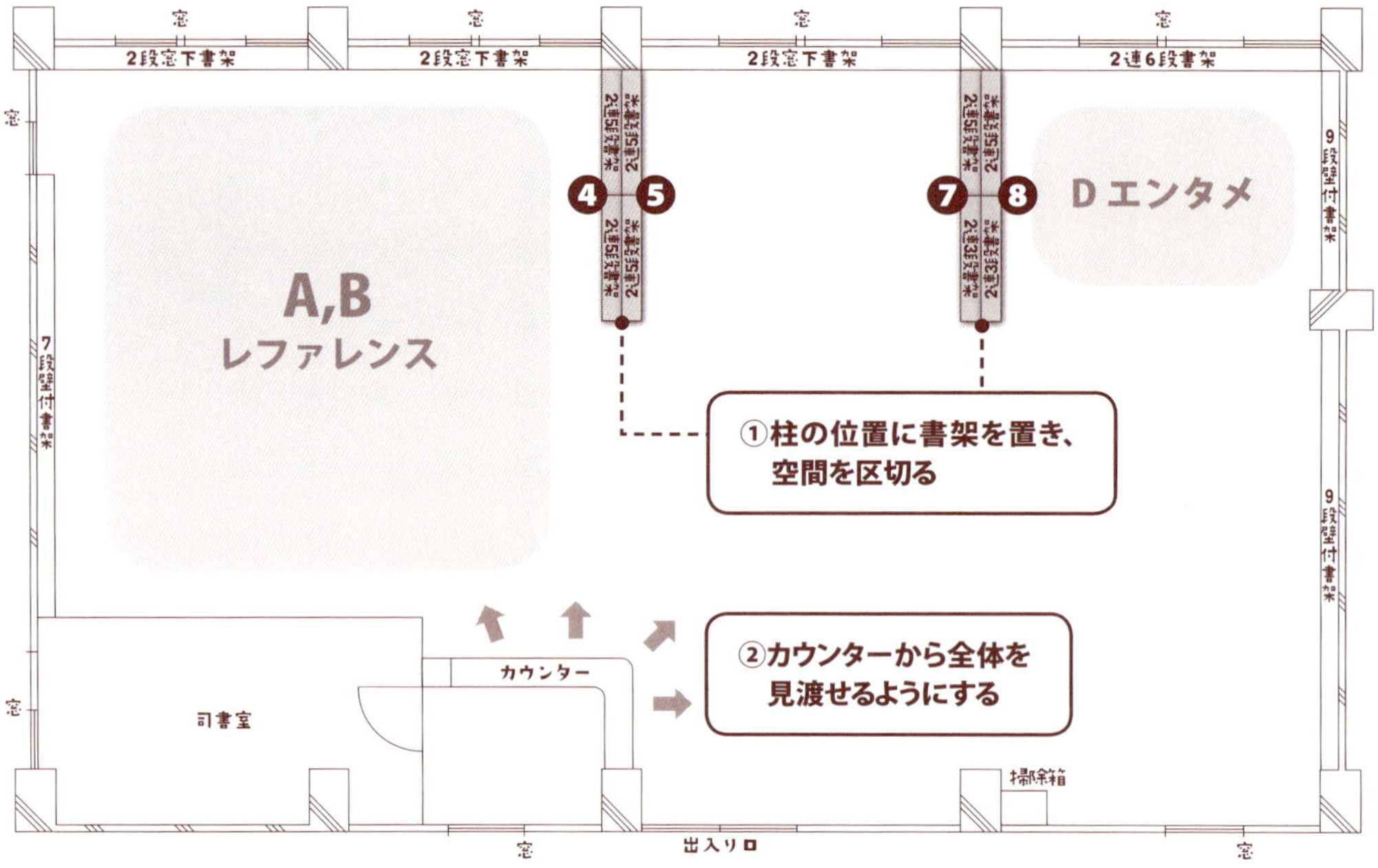
窓
2段窓下書架
2段窓下書架
2段窓下書架
2連6段書架
7段壁付書架
9段壁付書架
9段壁付書架
2連5段書架
2連5段書架
2連5段書架
2連5段書架
2連5段書架
2連5段書架
2連3段書架
2連3段書架
4
5
7
8
A,B
レファレンス
Dエンタメ
①柱の位置に書架を置き、
空間を区切る
②カウンターから全体を
見渡せるようにする
カウンター
司書室
掃除箱
出入り口

利用者が入り口から入ってきたときに、書架や机でエネルギーをさえぎられずに、目的のコーナーにすみやかに流れていってほしいものです。そこで、全体を見渡せながら、それぞれのコーナーを書架でつくるにはどうすればいいかを考え、❹❺と❼❽に書架を置きました。これで部屋が3つに分かれます。柱から考えると4部屋になるのですが、分量的に、「レファレンス」を2、真ん中のコーナーを1、「エンターテインメント」を1で考えました。

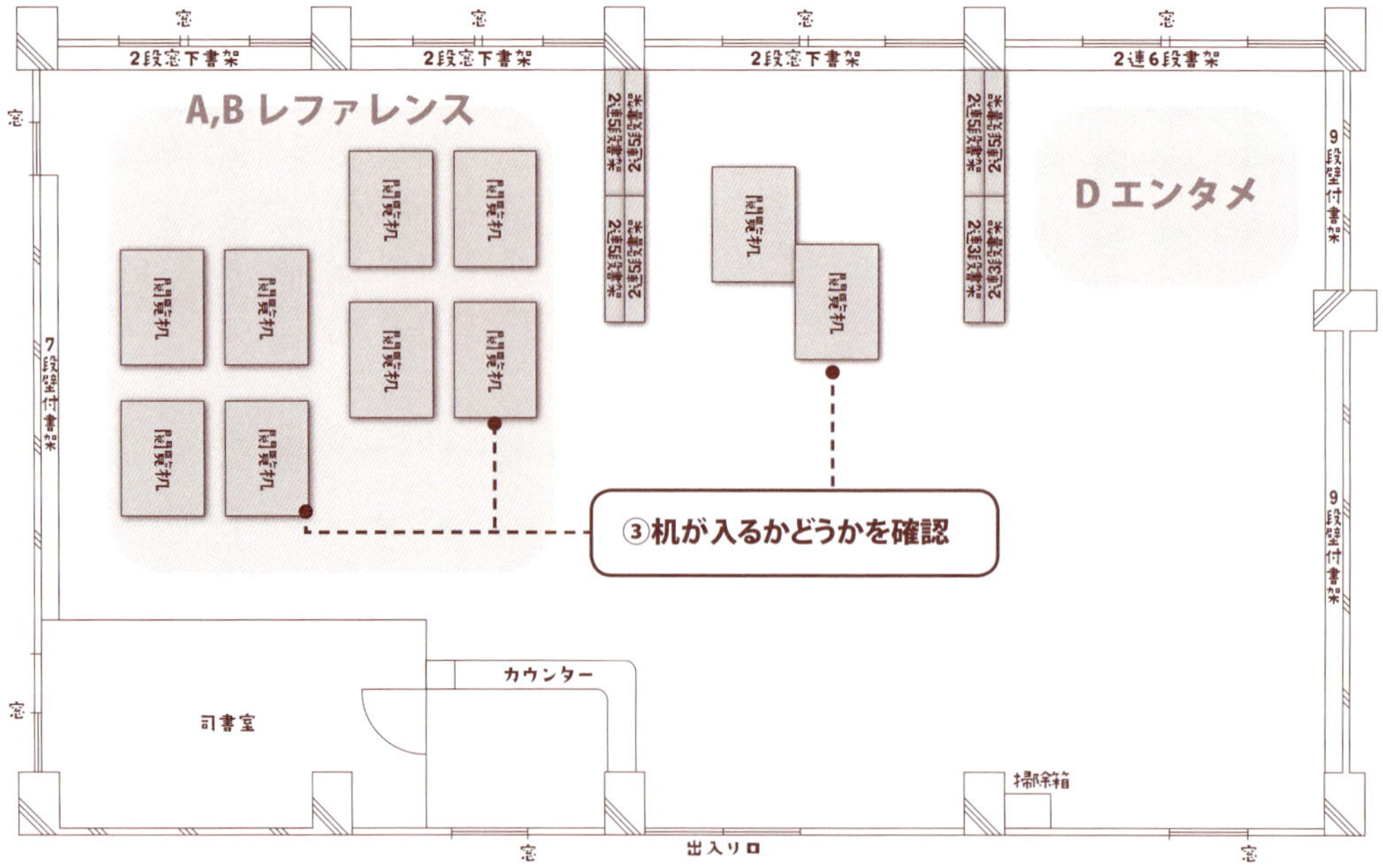
窓
2段窓下書架
2段窓下書架
2段窓下書架
2連6段書架
7段壁付書架
9段壁付書架
9段壁付書架
A,B レファレンス
Dエンタメ
閲覧机
③机が入るかどうかを確認
カウンター
司書室
掃除箱
出入り口

「レファレンス」に必要な大型家具が入るかどうか、書架、キャレルデスク、机その他を配置してみます。真ん中のコーナーにも机が2台入ります。机1台を4人掛けとして、10台あれば40人が一度に座れます。

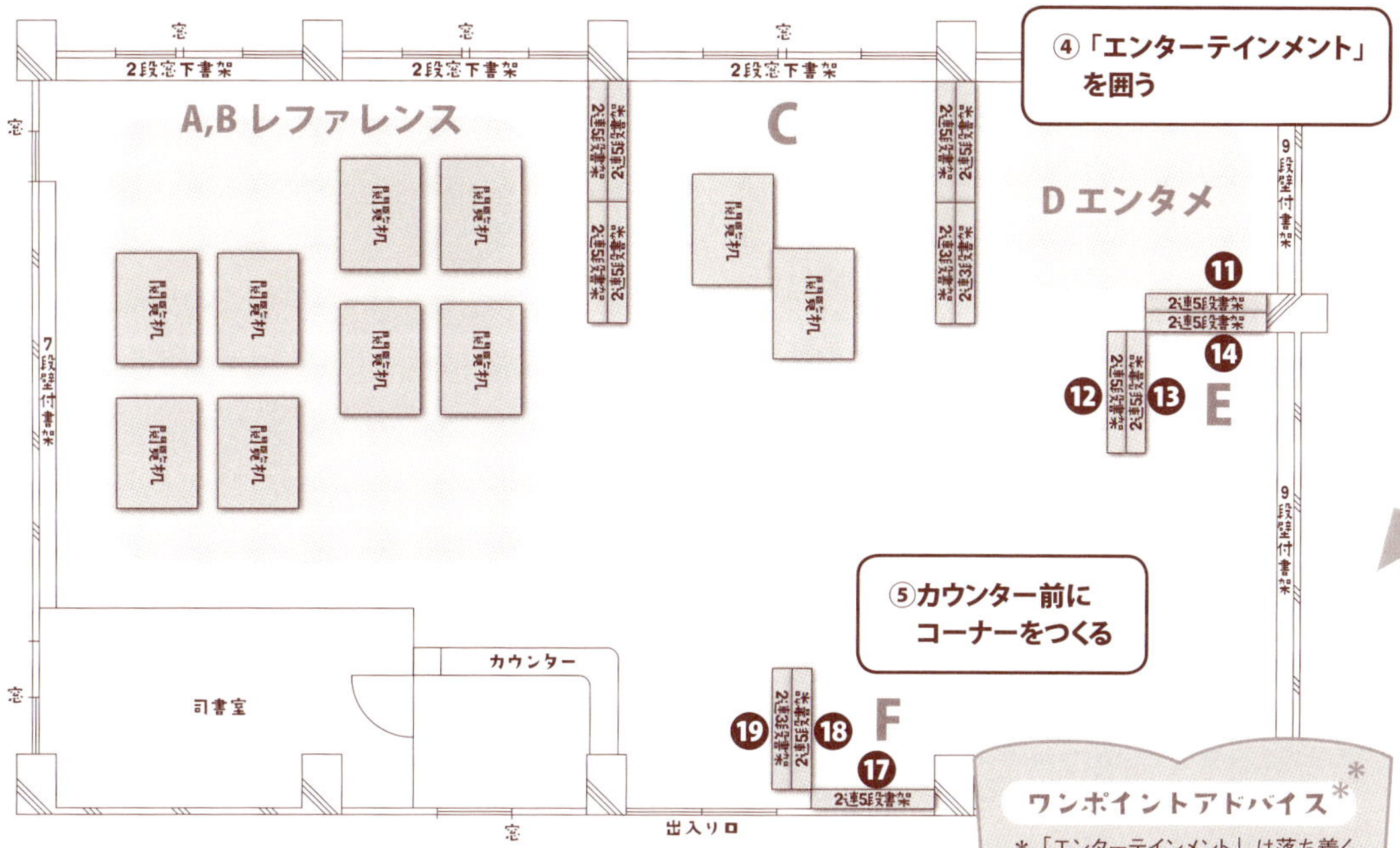
窓
2段窓下書架
2段窓下書架
2段窓下書架
④「エンターテインメント」を囲う
A,B レファレンス
C
D エンタメ
E
F
閲覧机
2連5段書架
2連3段書架
7段壁付書架
9段壁付書架
⑪
⑫
⑬
⑭
⑤カウンター前にコーナーをつくる
司書室
カウンター
⑰
⑱
⑲
出入り口

ワンポイントアドバイス
＊「エンターテインメント」は落ち着く空間になるように囲います。
＊カウンター前に新着図書のコーナーをつくります。

次は、落ち着く空間になるように、「エンターテインメント」を囲います（⓫⓬⓭⓮）。カウンターの前には新着図書を置ける場所が欲しいので、書架でコーナーをつくります（⓱⓲⓳）。「レファレンス」に「社会科学」と「工業」「産業」を置けるので（「日本のくらし」も）、あとは **C** と **E** と **F** に「自然科学」「歴史」「世界のくらし」のどれを入れるか、考えます。

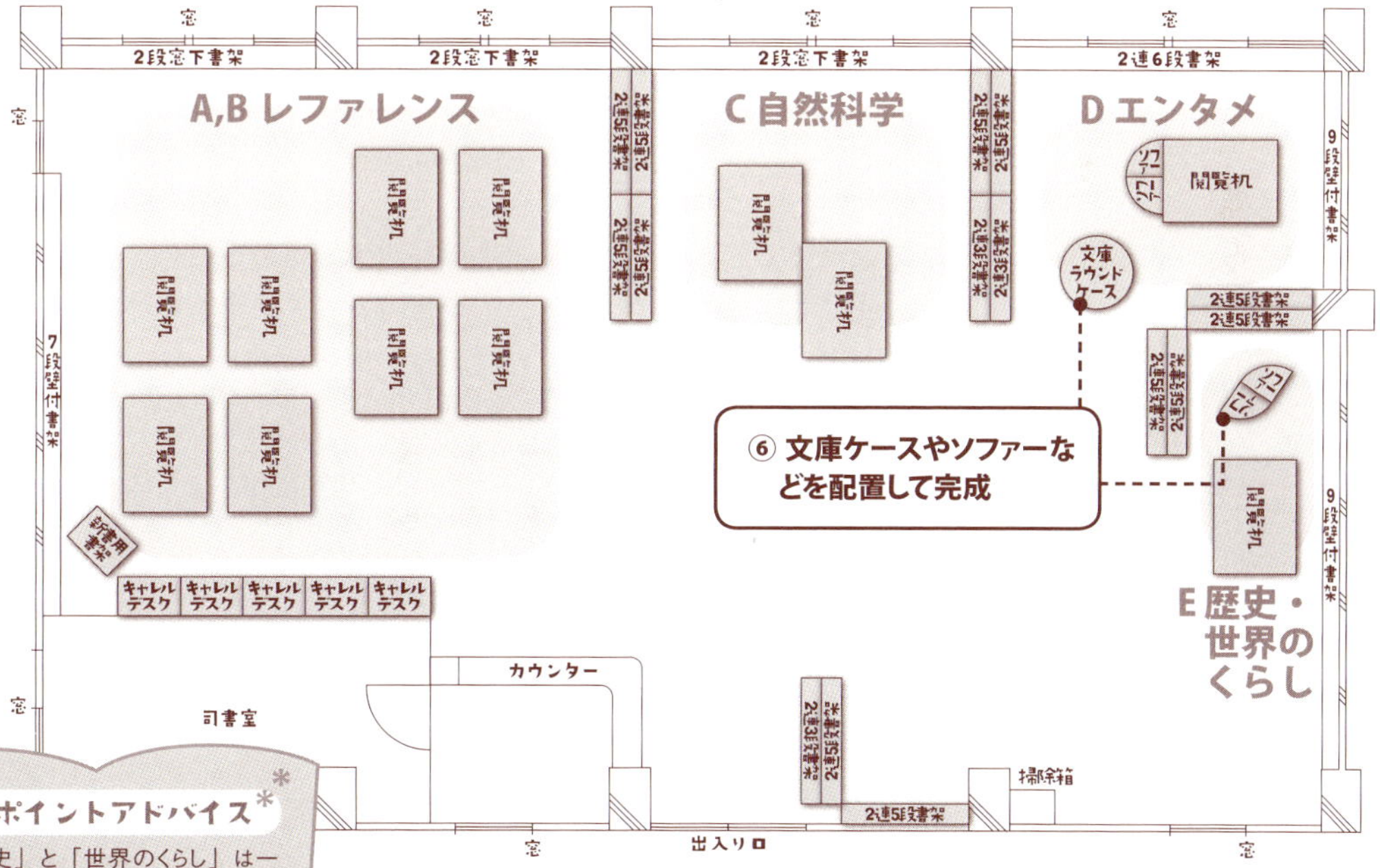
窓
2段窓下書架
2段窓下書架
2段窓下書架
2連6段書架
A,B レファレンス
C 自然科学
D エンタメ
閲覧机
2連5段書架
2連3段書架
ソファー
文庫ラウンドケース
7段壁付書架
9段壁付書架
⑥ 文庫ケースやソファーなどを配置して完成
新書用書架
キャレルデスク
E 歴史・世界のくらし
司書室
カウンター
掃除箱
出入り口

ワンポイントアドバイス
＊「歴史」と「世界のくらし」は一緒に。
＊「自然科学」は文系と理系をつなぐ場所に置きます。

「歴史」と「世界のくらし」は、なるべく一緒に置きたい。分量がかなりあるので、落ち着く **E** に決めました。「自然科学」の「生物」と「人体」は、理系と文系をつなぐキーになるので **C** に置きます。最後にソファー、移動できる回転架や展示架などを置いていきます。書架や家具は全部入れようと思わなくてもいいのです。居心地のいい家具の量は決まっています。高校生は体が大きいので、これ以上部屋に書架や家具を入れると居心地が悪くなります。

必要な分類と棚の配置を決める

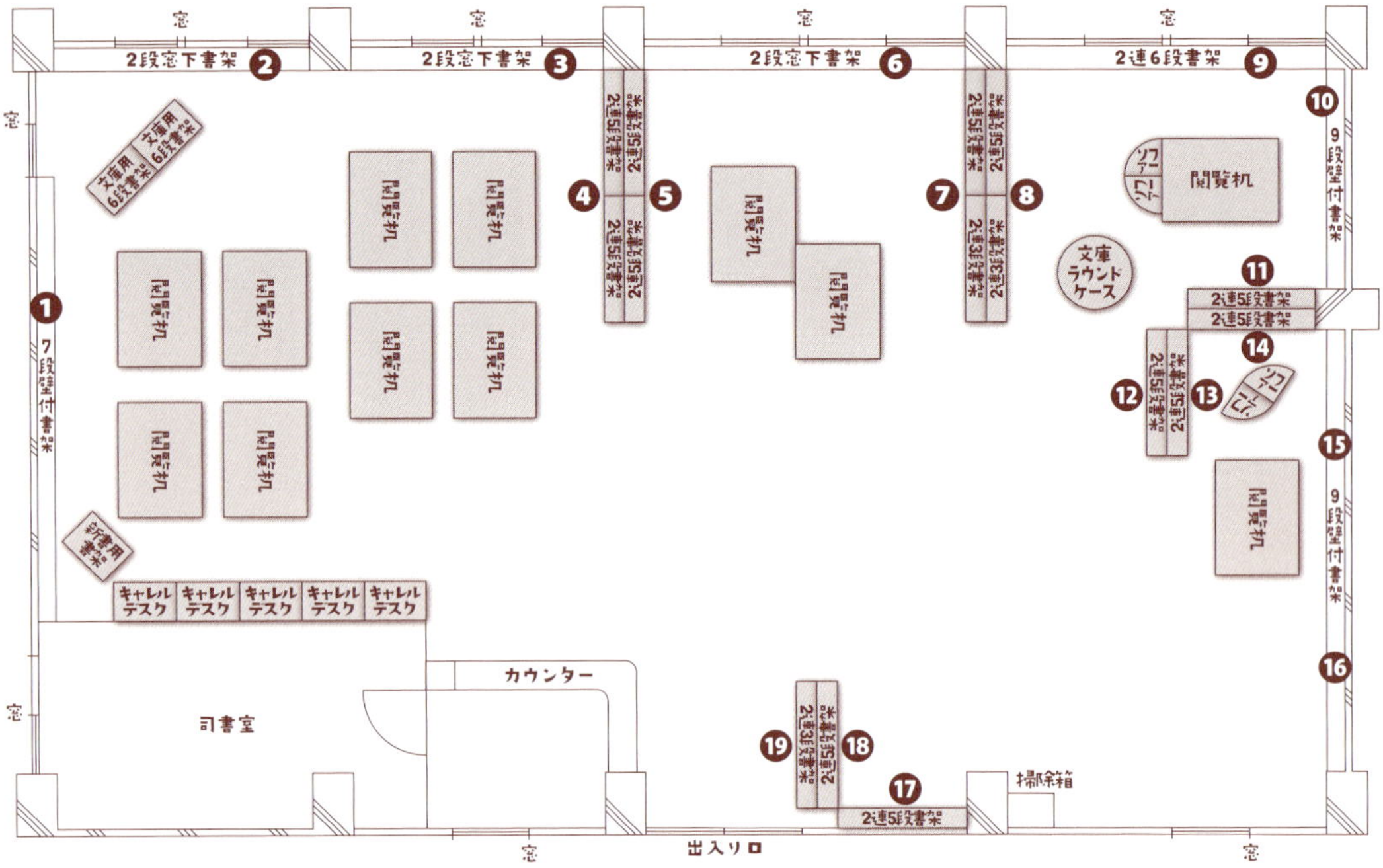

大きなパーツの位置が決まったら、棚ごとに何を入れるか決めていきます。

- ❶ 国語
- ❷❸❹ 3
- ❺ 41 ～ 45
- ❻ 46 ～ 47
- ❼ 48
- ❽ 芸術・スポーツ
- ❾❿ 現代文学
- ⓫ リアル系
- ⓬⓭⓮ 歴史・地理・伝記／中国文学／時代劇
- ⓯ 世界のくらし／英語
- ⓰⓱ 5 ～ 6
- ⓲ 展示架
- ⓳

高校には農業や畜産、水産などの専門科目もあり、中には看護師や調理師の免許を取れる学校もあるので、それに合わせて全体のバランスも配置も考えます。ここは商業高校ですが、商業にはこだわらなくてもよいということだったので、ごく一般的な構成にしました。利用者の興味と関心に合わせてジャンル別にブロック分けして配置します。

前もって計画しても、あと1㎝！
本が入らない棚だったり、
掃除用具入れや水道があるのを忘れていたり、
書架移動したらドアが出現したり、
置いてみたら書架が高すぎたりして
計画変更になることもあります。

部屋に展開してみる

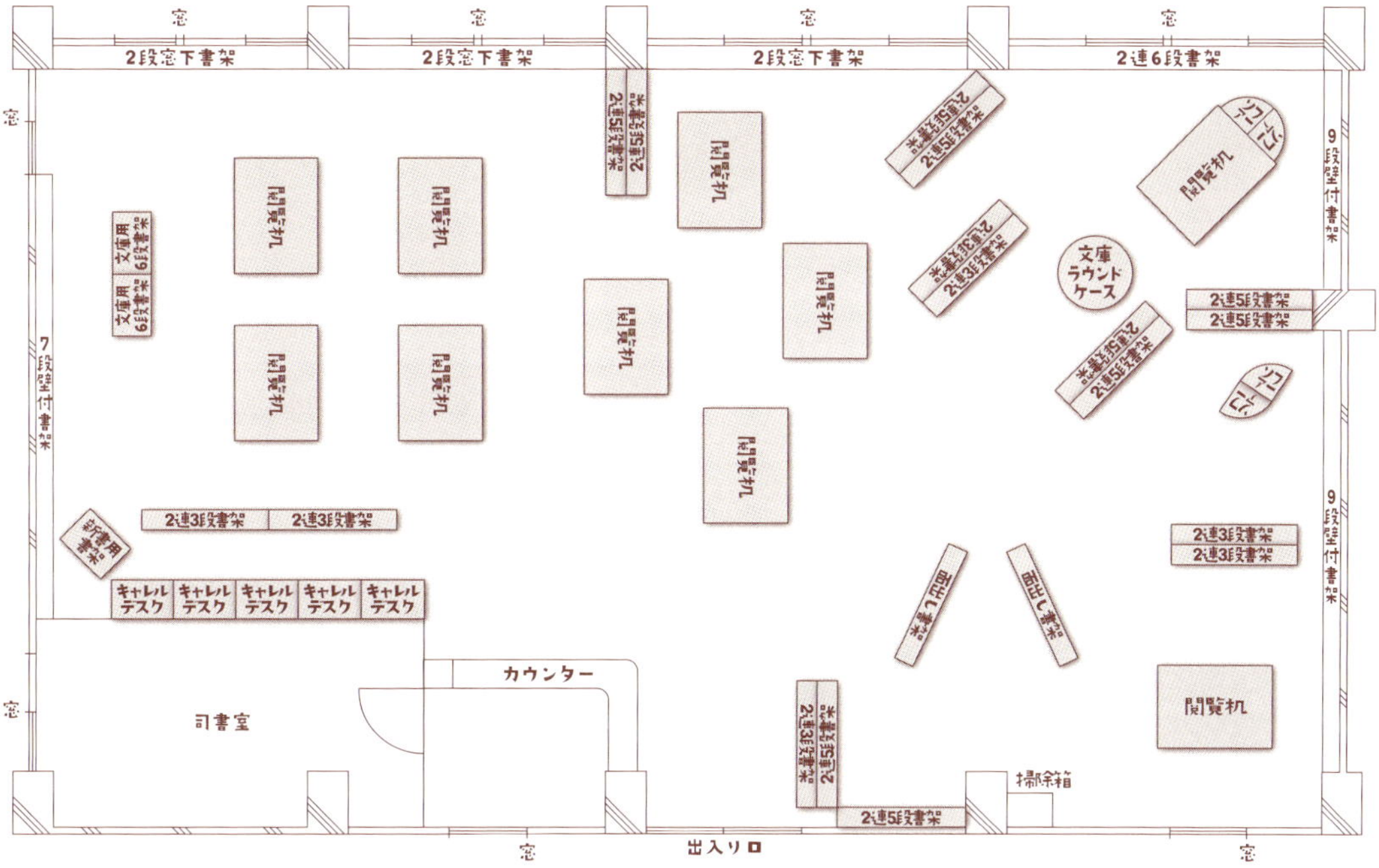

実際に配置してみると、このようになりました。

部屋に展開してみると……
想像よりも天井が低く、
書架が高すぎて、圧迫感があった。

書架を斜めに置き、
カウンターからの死角をなくします。

奥は「エンターテインメント」のコーナー。書架を斜めに置いたことで、このコーナーに入りやすくなります。このテーブルにだけ、テーブルクロスをかけて、10代に合うポスターをはりました。

このような新しい配置になりました。「人体」と「育児」、「食育」と「料理」を組み合わせました。

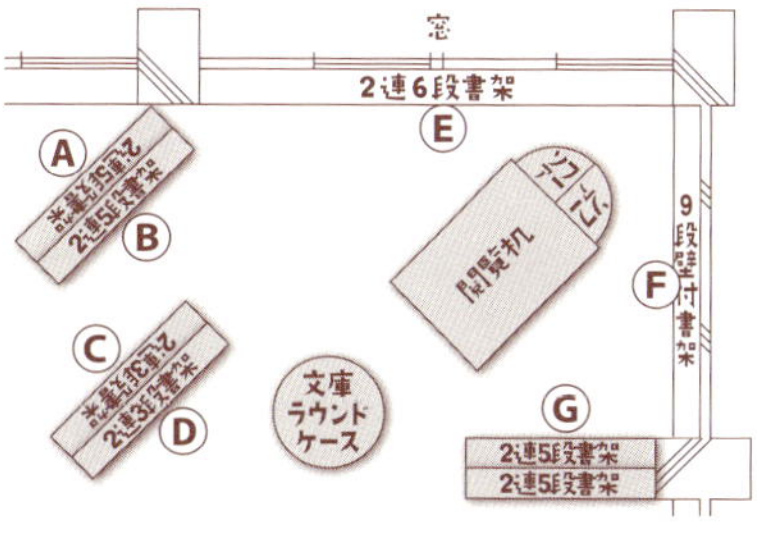

Ⓐ食育・人体　Ⓑ家庭科
Ⓒ恒温動物・変温動物
Ⓓ育児・性教育
ⒺⒻ現代日本文学　Ⓖ外国文学

大型の美術全集が入る棚がⓄしかありませんでした。

ⓄⓅには「7 芸術」を入れ、その左にⓀⓁ「日本の歴史・地理」、右にⓆ「世界の歴史・地理」を配置。

それぞれに、座れるようにソファーと机を置き、まったく違う感覚の空間をつくりました。

「伝記」はⓂにまとめて入れ、その裏のⓃには「スポーツ」を入れます。

そして、真正面は郷土の生んだ偉大な芸術家、「土門拳コーナー」にして、全体の押さえにしました。

改装を終えて、先生の声

図書室が連日満室でにぎやかです。

いすの数は減らしていませんが、棚を斜めにし、机の数を減らしたことで、部屋が明るく広々と感じられるようになりました。

図書室の中で、生徒が居場所を探すようになりました。特に人気があるのは、「エンターテインメント」のコーナーです。テーブルクロスがあるので、ゆったりくつろぐ場所になっています。また、ジャンル別に配置したことで、生徒は本を探しやすくなったようです。

新しい本を購入するときに、選定の段階から分類を考え、本棚のバランスも考えるようになりました。

★1　座れるようにソファーを置き、まったく違う感覚の空間をつくりました。

★2　このパネルは、土門拳美術館で売っている絵葉書でつくりました。

★3　この机には少し固めの印象を持ってもらいたいので、クロスはかけません。花も置きません。知的で真面目な空間にしたい世界史コーナーです。

Ⓗ危機管理・心
Ⓘ時代小説・中国文学
Ⓙ戦争
Ⓚ日本史
Ⓛ日本地図
Ⓜ伝記
Ⓝスポーツ
Ⓞ音楽・芸術
Ⓟ芸術・演劇
Ⓠ世界史
Ⓡ世界地図・考古学

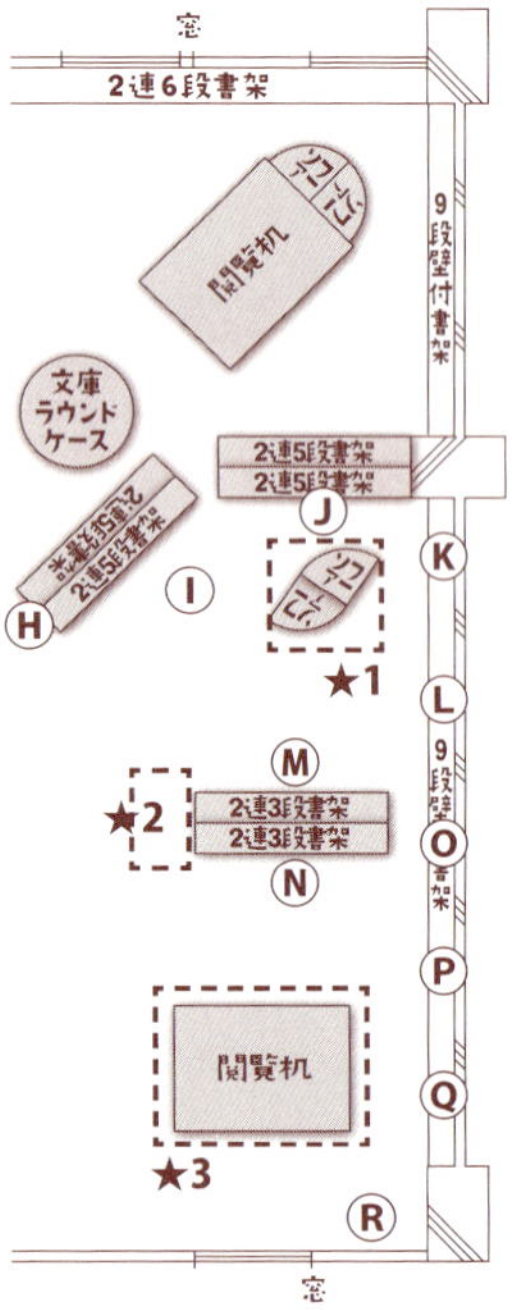

Ⅲ 部屋全体を使いやすい図書館に

〈実例 1〉
大阪府門真《かどま》市立速見《はやみ》小学校

〈実例 2〉
宮城県仙台《せんだい》市立加茂《かも》中学校

としょしつ

〈実例1〉大阪府門真《かどま》市立速見《はやみ》小学校

～見た目はきれいな図書館だが～

先生の悩み

「図書館利用率が低いのが悩みです。
何が問題なのでしょうか。どうすれば、
利用しやすい図書館になるでしょうか。」

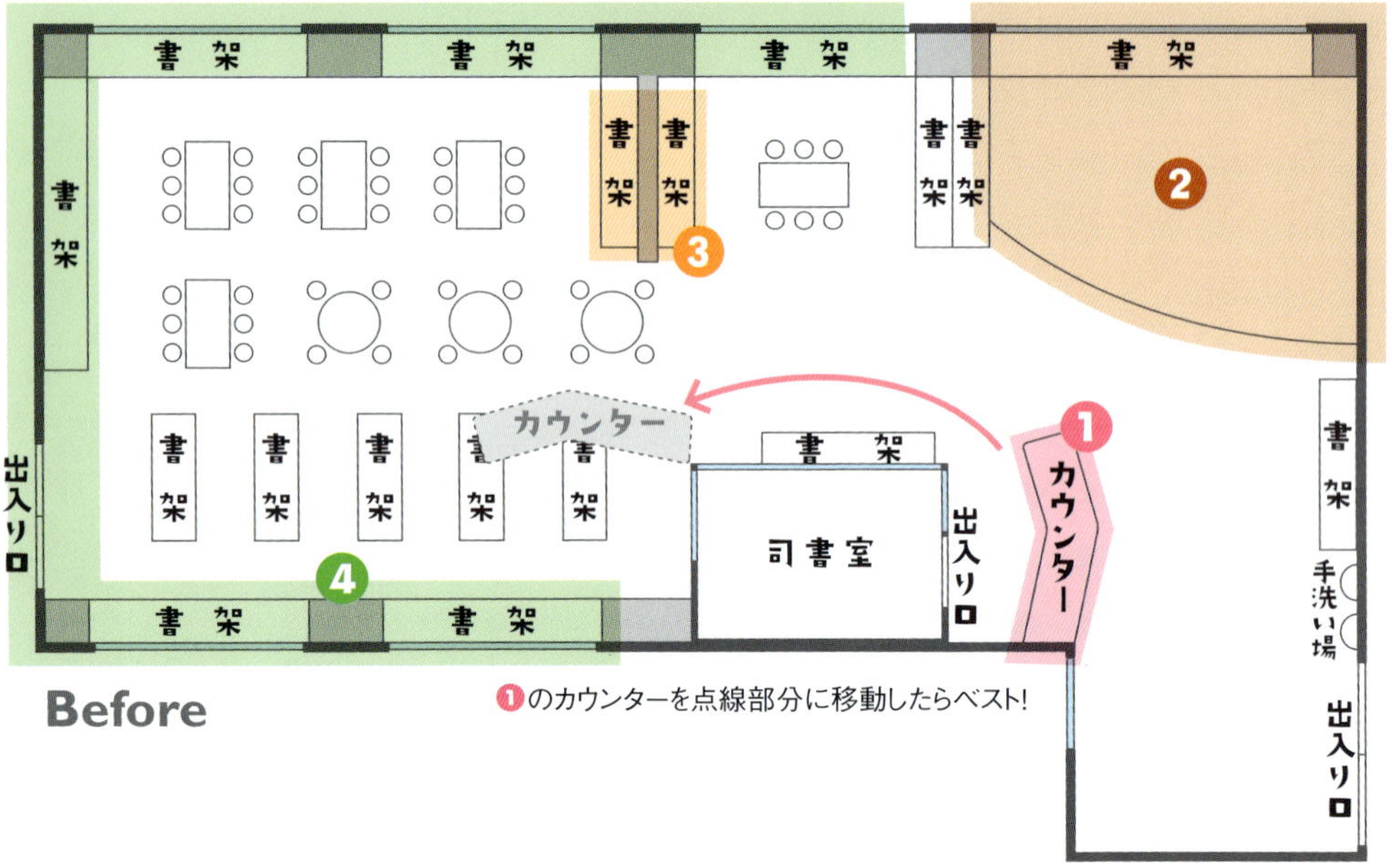

Before

❶のカウンターを点線部分に移動したらベスト!

赤木チェック‼

改装して、壁・床・書架が新しく、
先生方は一生懸命に本をきれいに整頓しています。
この図書館を、なぜ改装しなければならないの?
と思う方もいらっしゃることでしょう。

きれいでも、子どもたちが使いこなせる
図書館ではありませんでした。
全体に雑然としていて、
どこに何があるのかよくわからないので
探したい本が探せない。
たとえあっても気がつかない、見つけられない。
だから、落ち着かない、居心地がよくない。
本が楽しいと思えないのです。

必要なのは、入り口に立ったときに、
自分の欲しい本はあのあたりにある、
と見当をつけて無意識に歩き出せること。
図書館は楽しいというワクワクする雰囲気に満ちていること。

それをつくり出すのは
①分類体系をつくること　②配置を考えること
③統一感の取れた知的なサインと飾りつけなのです。

改装のポイント

まずは動かせないものから考えていきます。

1 カウンター

小学校では、普通はこの位置にカウンターは置きません。この部屋でこの位置だと部屋のほとんどが死角になってしまうからです。本来は、見取り図（P66）の点線部分に置くのがベストです。でもカウンター裏の司書室の扉が一か所しかないので、カウンターの位置は動かさないことにしました。

2 小上がり

部屋に入って真正面が小上がりです。普通はこういうところに、くつろぎコーナーはつくりません。入り口から入ってくる人の真正面ではくつろげないでしょう。でも、この小上がりは動かせないので、ここには絵本ではなく、自然科学をもってきます。（なぜかはP70を見てね）

3 部屋の真ん中の壁付書架

これも動かせません！そのため、この部屋はこの壁付書架で3つの空間に区切られていることになります。真ん中は「社会科学」、いちばん奥が「エンターテインメント」になります。

4 窓下書架、壁付書架

この書架も動かせませんので、そのまま。全部A4が入るサイズの書架なので、ラッキー！

司書室の奥の中段書架のあるコーナーは完全に死角となり、書庫化していました。

STEP 1

カウンター周りの書架のつくり方

カウンターの周りにも書架を置きます

カウンター周りの書架には、新刊本や今月のブックフェアと、司書が使うのに便利な「レファレンスブック（百科事典や辞書）」を置くのが基本です。

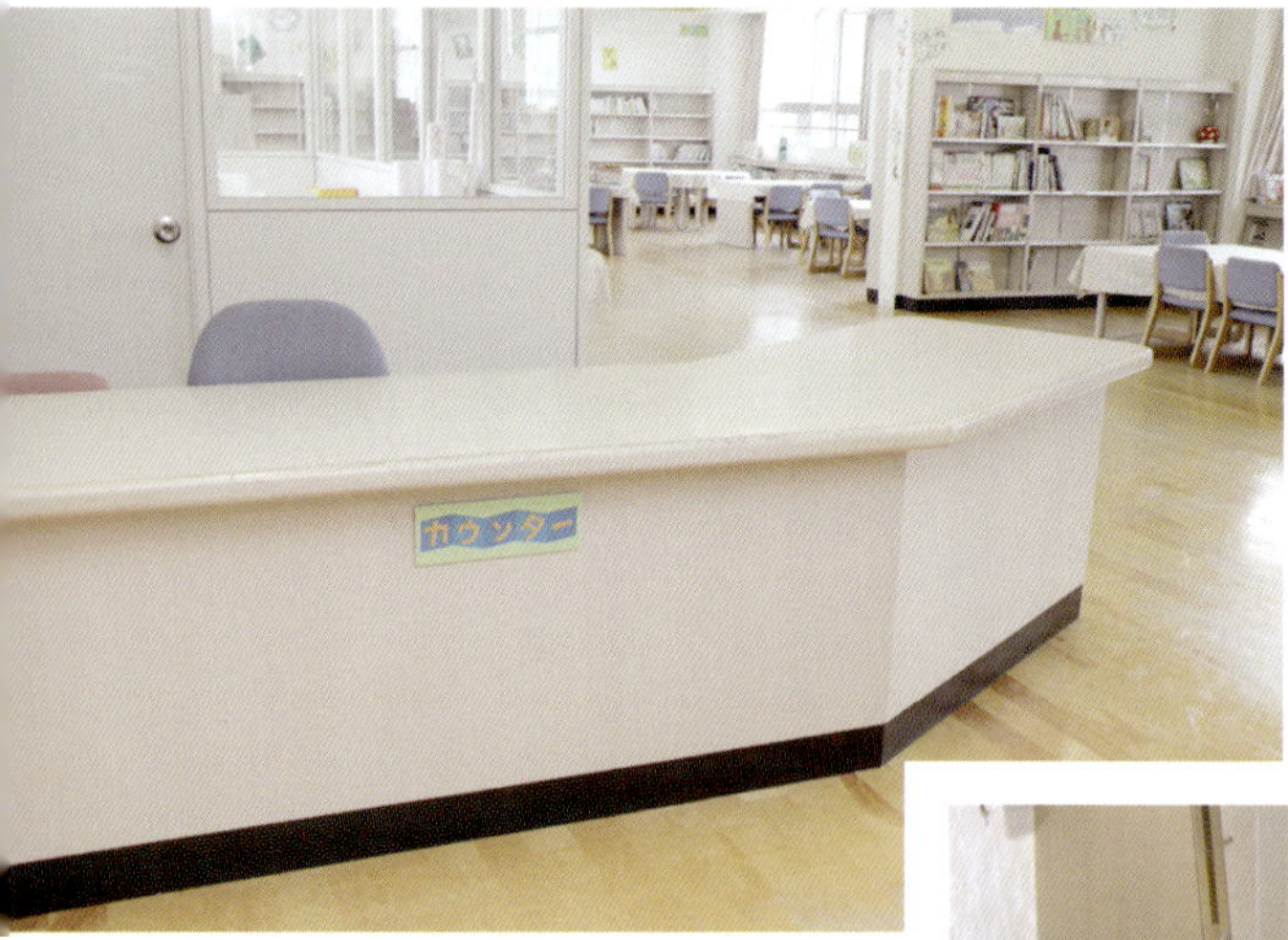

©1994 NAKAJIMA CORPORATION

カウンターには「レファレンスブック（百科事典、辞書など）」

カウンターには百科事典をはじめ、図書館や本の使い方を説明したものを数冊置きます。そうすると、すぐ説明できて、司書には便利です。

カウンターで頑張っているのはカエル司書です。このカエル司書は、赴任してくるだけで図書館の入館者数が3割もアップする働き者です。

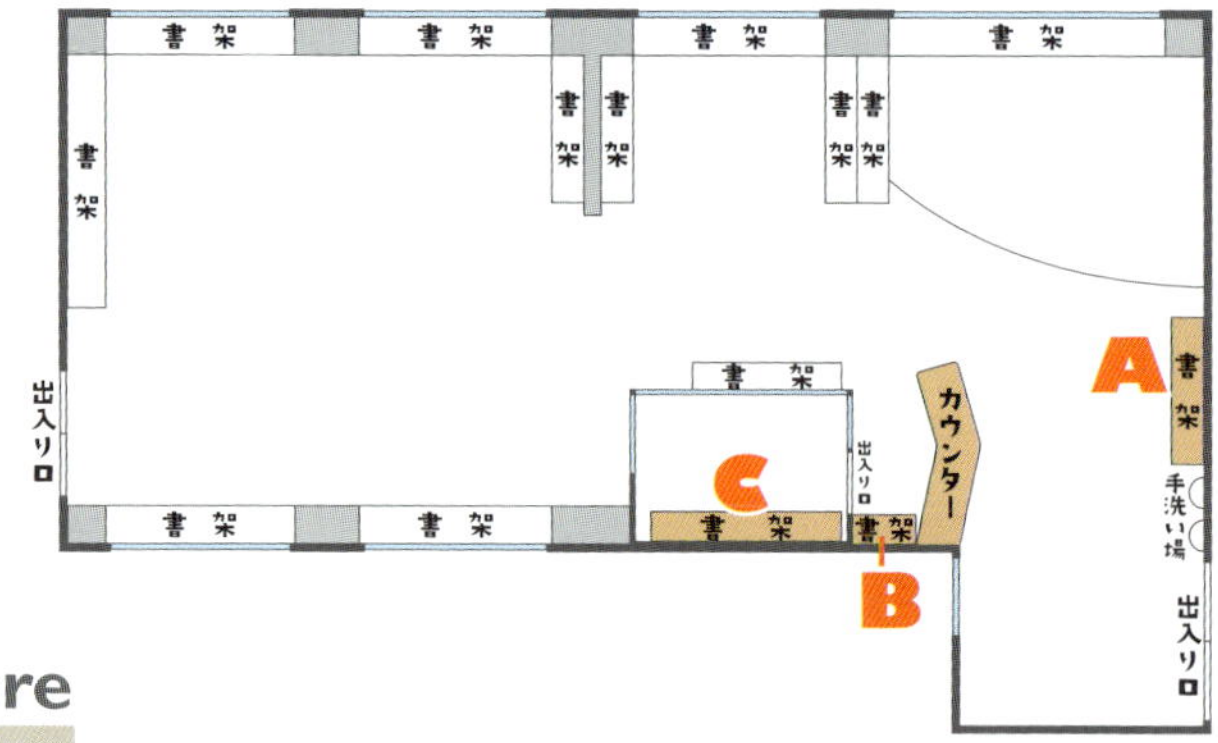

Before

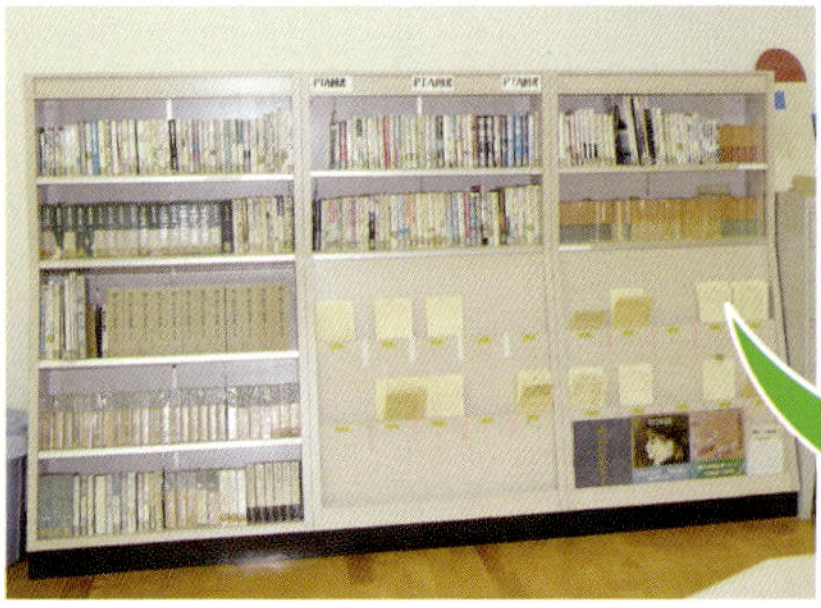

After

カウンター前の書架には新しい本と「今月のブックフェア」と「郷土」

PTA図書が入っていたカウンター前の書架は、入っていちばん先に目に入るポイントなので、みんなに知らせたい本を置く場所に変えました。

Before

カウンター脇の書架には国語と漢字の辞書

活用できていなかったカウンター脇の書架には、もち出しやすいように同じ種類の国語と漢字の辞書を1クラス40人分と図書館情報学の本を入れました。できれば、ここには種類の違う辞書も何冊か入れておいたほうがいいでしょう。

司書室内のオープン書庫に「戦争」と「核」

ちょっと置いておきたいものや、公共図書館からの団体貸し出しの本や修理する本などを置いておきます。この司書室はガラス張りなので、中に何があるかがよく見えるし、借りたいときには借りられます。

STEP 2

小上がりの書架をつくる

じゅうたんのスペースに「自然科学」を

じゅうたんの周りには絵本は置きません。（P32参照）
大きなじゅうたんは、ほかの人とくっつくのが大好きな
男子のたまり場になるので、
女子たちが入りにくくなってしまうからです。
それに、このような入り口からすぐの、
だれからも丸見えの場所を、女子たちは嫌がります。
ここに絵本をもってきてしまうと、
借りたいけれど借りられないということになってしまいます。
そこで、ここには「自然科学」の後半、
「48動物学」を置くことにしました。
このジャンルが好きなのは、圧倒的に男子。
ほかに「恐竜」と「考古学」もここにもってきました。
分量的にもぴったりです。
「生き物の十進分類法」のポスターと、
パネルサインをはり、
「ダーウィンの引き出し」を設置し、
恐竜のぬいぐるみを上からつるしてこのコーナーは完成です。

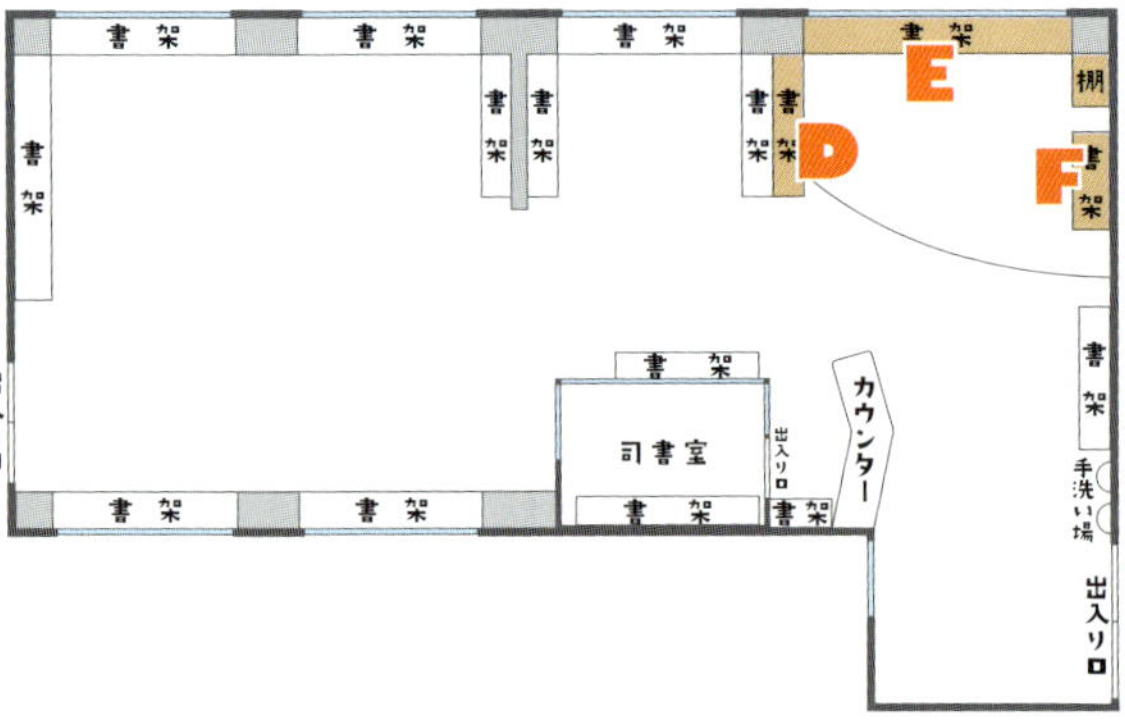

Before

After

部屋全体を使いやすい図書館に

D

生物学一般	トンボ・カマキリ・セミの仲間	鳥類
棘皮・節足動物・無脊椎・軟体動物	カブトムシ・アリ・ハチ・チョウの仲間	両生類・爬虫類
変温動物図鑑	アブ・カ・ハエ／昆虫図鑑	魚類・釣り・水産業・クジラ目

D

できるだけ、上から下まで同じもので通す。

左から「変温動物」「昆虫」「脊椎動物」。

E

単孔目／有袋目 食虫目／食肉目	蹄目／ゾウ目 霊長類	ペット	畜産

他の分類にある動物の本ももってくる。

「489 哺乳類」の棚です。「6 産業」から「ペット」「畜産」と、動物園や動物のお医者さんの本も、ここにもってきてしまいます。つまり、温かい動物（恒温動物）に関する本の棚をつくるのです。

広い壁面には展示ケースと面出し書架を

この壁面は広すぎて、うまく使いこなせていませんでした。そこで、使わなくなった目録カードケースで博物学の展示「ダーウィンの引き出し」をつくりました。その隣には、面出し書架をもってきて「恐竜」と「考古学」と「のりもの」を低学年に人気のものとして、ここに置きました。

赤木POINT！
『実物大恐竜図鑑』の表紙の裏がポスターになっていたので壁にはりました。

先カンブリア紀に生きていた動物のぬいぐるみを置きます。

考古学	のりもの
恐竜	のりもの
恐竜	のりもの

F

「ダーウィンの引き出し」

引き出しの1つ1つにいろいろなものが入っていて、自由に開けて楽しむことができます。石や鳥の羽などをこれから集めます。引き出しの中は、プラスチックダンボールをカットして敷いた上に展示物を置いてあります。貝のような小さくて飲み込めるものはボンドで接着します。

STEP 3

おおまかな配置を決める

動く中段書架で広いスペースをデザインする

次に部屋の中のおおまかな配置を考えます。奥の部屋は広すぎるので、居心地がよくなるように、動く中段書架を使って部屋を区切ります。

今回はここがポイント！

これだけのジャンルをどこへ？

文学　絵本　国語
芸術・スポーツ　世界のくらし
日本のくらし　歴史・地理・伝記
環境　総記　農業
郷土　戦争・核
自然科学
無機・植物
レファレンス

＊小上がりに「動物」を置くことにしてしまったので、「自然科学」の残りは「無機」と「植物」です

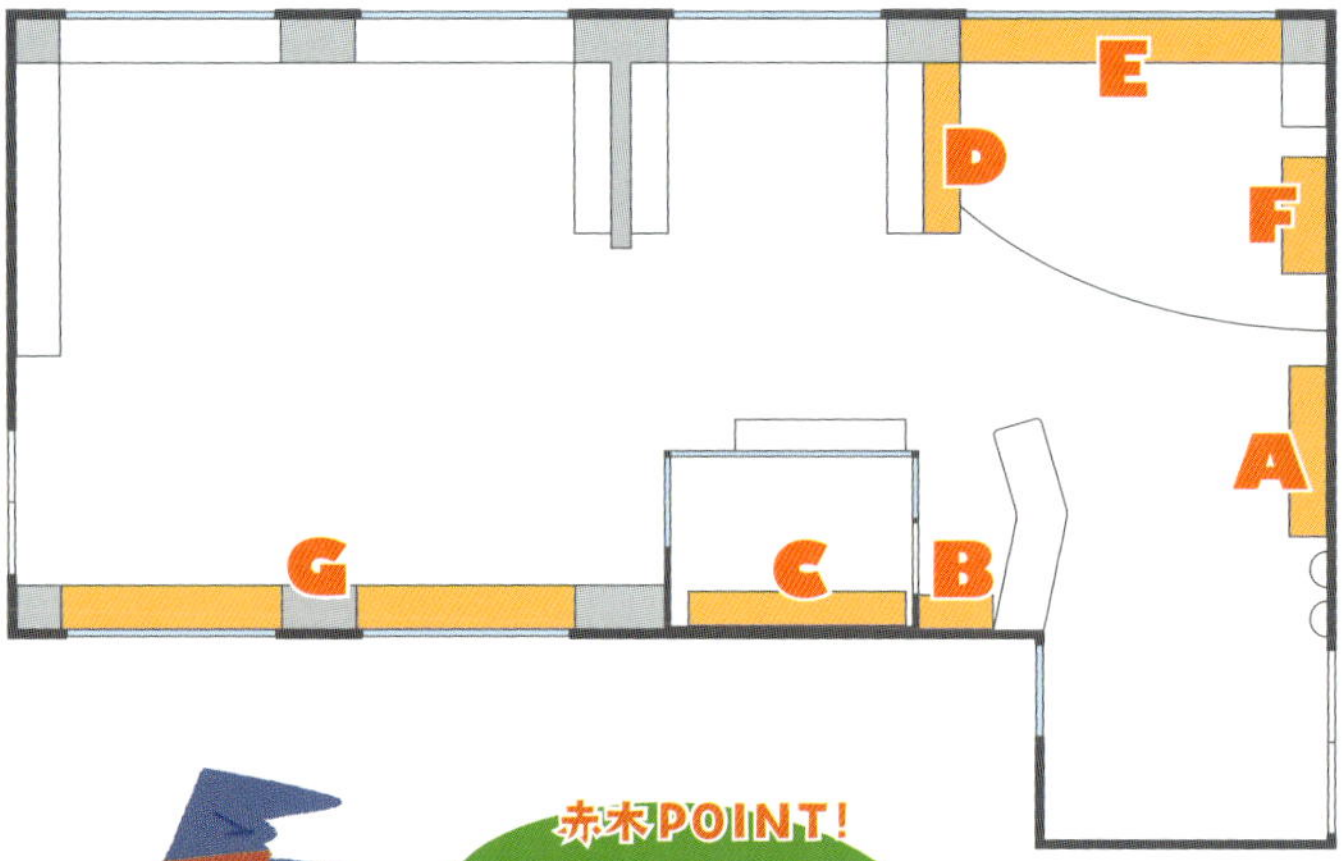

A ＝「郷土」
B ＝「レファレンス」
C ＝「戦争・核」
D・E・F ＝「自然科学」

G ＝「絵本」
＊低段であること。
＊12〜16段あること。
＊A4サイズ（できればそれ以上）の本が入る大きさの棚。
＊落ち着いた空間。

赤木POINT!
柱にぴったりつけてテーブルを置き、気がつかれないように「国語」とその隣の「社会」の空間を区切ります。

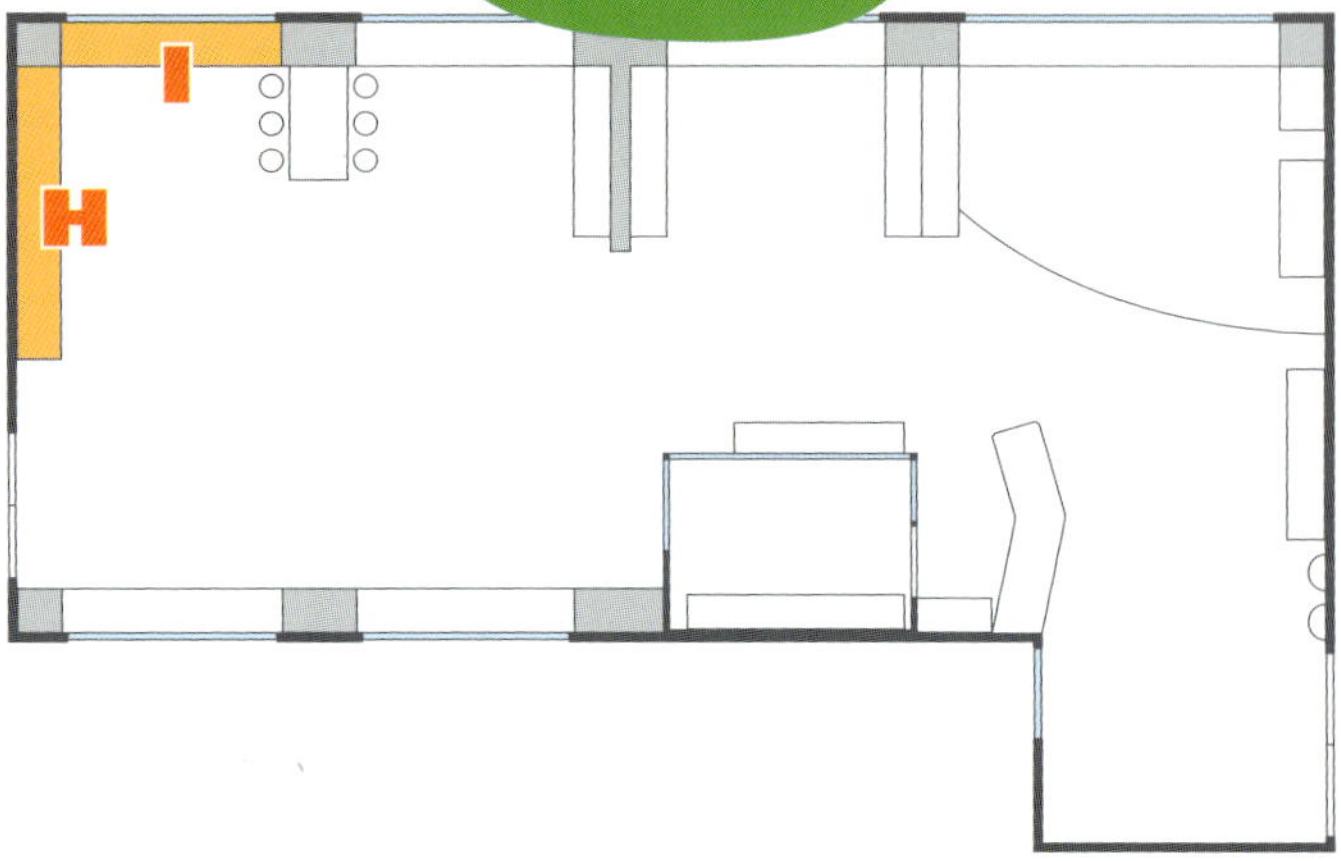

H ＝「文学」
＊つきあたりの、のびのびとしたスペースに「文学」を置きたい。
＊本の分量的に6本は欲しい。

I ＝「国語」
＊「文学」と「国語」はつなげたい 。
＊低段でもよい。

J
K

J ＝「ボランティア」

＊「人体」「日本のくらし」の目の前のJは社会と福祉関係を置いて自然につながるようにする。

K ＝「人体」「日本のくらし」

＊性教育がある「人体」は、目立たないところに置きたい。壁の後ろ側なので入り口から見えないKは「人体」で決まり!

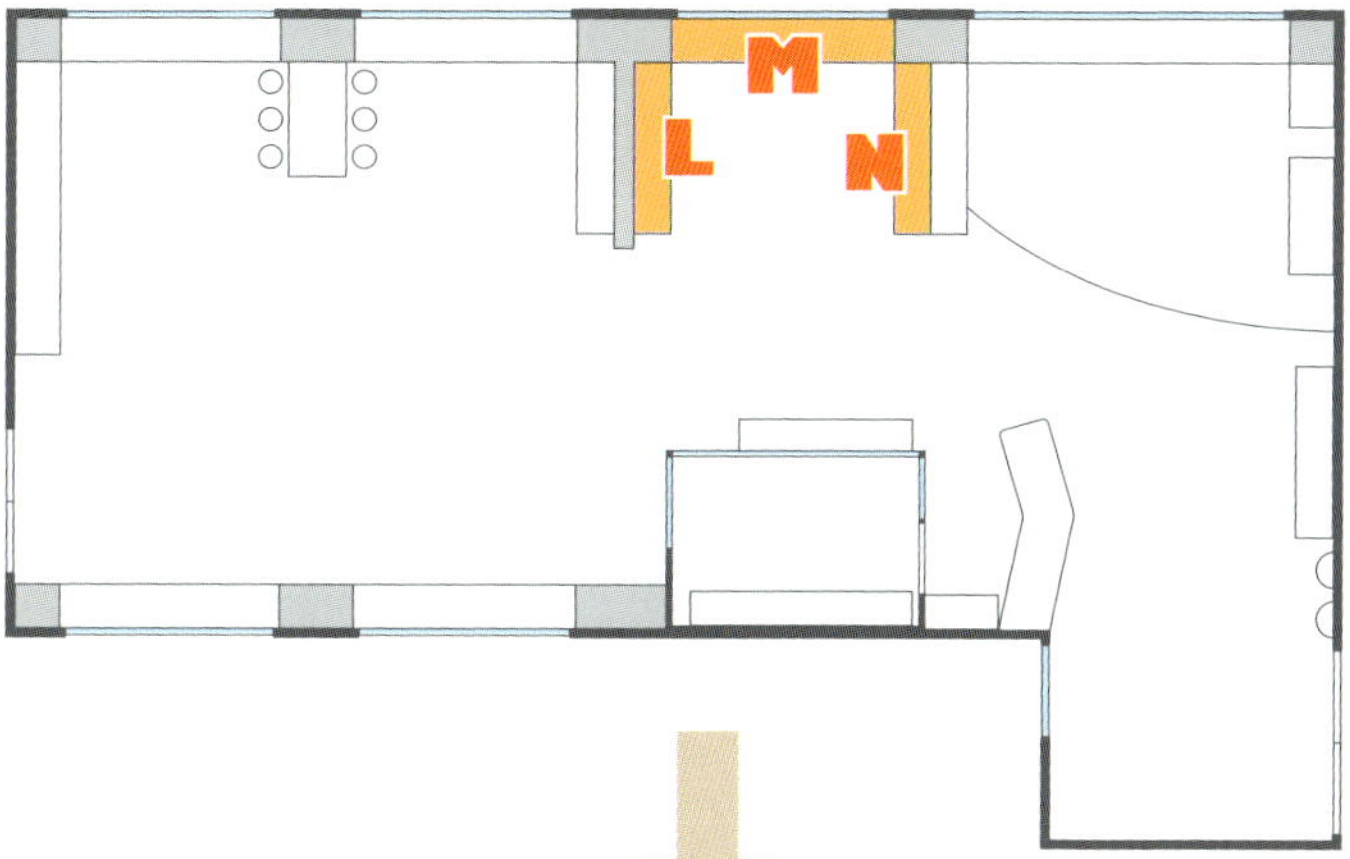

M
L
N

L ＝「世界のくらし」

＊「世界のくらし」は派手に目立つところがいい。入り口から入っていちばん目につくLで決まり!

M ＝「農業」「環境」「植物」

＊「世界のくらし」と「歴史・地理・伝記」をつなぐMには、「植物」「農業」「環境」を入れると世界と日本をうまくつないでくれる。

N ＝「歴史・地理・伝記」

＊「世界のくらし」の真正面Nに日本の「歴史・地理・伝記」を置くのが妥当。

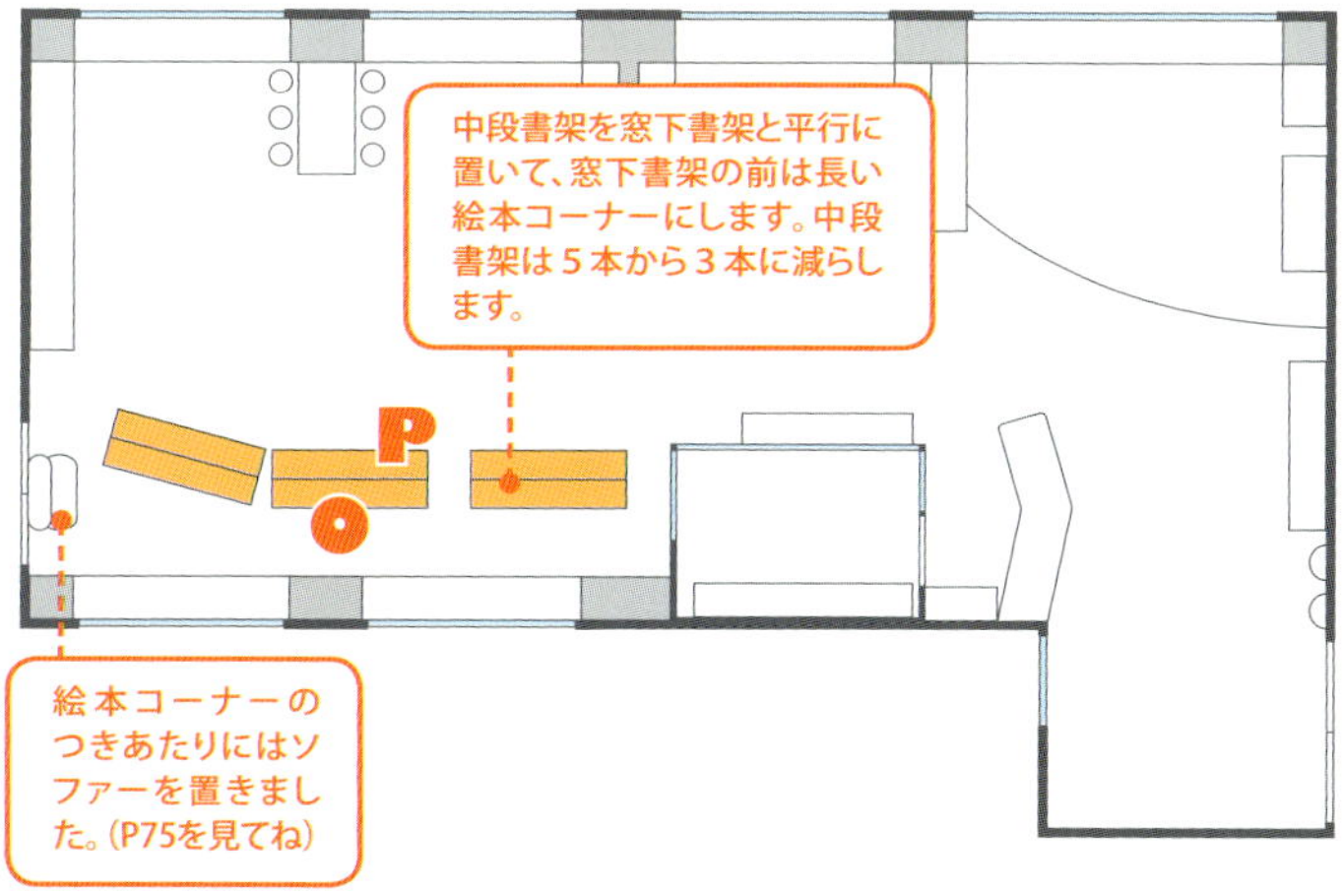

中段書架を窓下書架と平行に置いて、窓下書架の前は長い絵本コーナーにします。中段書架は５本から３本に減らします。
P
O
絵本コーナーのつきあたりにはソファーを置きました。(P75を見てね)

O ＝「算数」「理科」「天文」「地学」

＊絵本の棚の真正面は楽しい本がいいので、「芸術・スポーツ」はO。

P ＝「芸術・スポーツ」「総記」

＊Oの表側Pは「自然科学」の無機4兄弟(算数・理科・天文・地学)。

……最初はこう配置したのですが、出入り口の前にソファーを置いているときに見に来ていた女子二人組が、「このソファーには絶対6年男子が座るから、その前が芸術だと女子は取りにくいよ」と教えてくれました。なるほど! 書架をぐるっと回して、

＊Oを無機4兄弟。

＊Pを「芸術・スポーツ」にしました。

STEP 4

棚の配置のポイント

大阪府門真市立速見小学校

このような絵本の書架の場合、横に長い置き方をすると見にくくなります。そこで、その前に中段書架を置いて空間をさえぎりました。
絵本書架と中段書架の間の幅は、書架の高さと天井の高さによります。置いてみて、いちばんしっくりくる幅を探します。

書架はちょうど8本あるので、〝あ行〟から〝やらわ行〟までがぴったり入ります。

G 絵本

Before

Pの書架3本をまっすぐに並べるとエネルギーが逃げてしまって落ち着かないので、「文学」の書架の端と連動するよう、3本目を少し曲げました。

After

赤木POINT!

天井には段があり、黄色いラインでデザインされているので、このラインに逆らわずに書架を置くのがコツ!

部屋全体を使いやすい図書館に

OとGの間はこのままだと、走って遊んでしまいます。そこで、ホームセンターで買ってきた安いカーペットを敷きました。汚れてもすぐに取り替えられます。

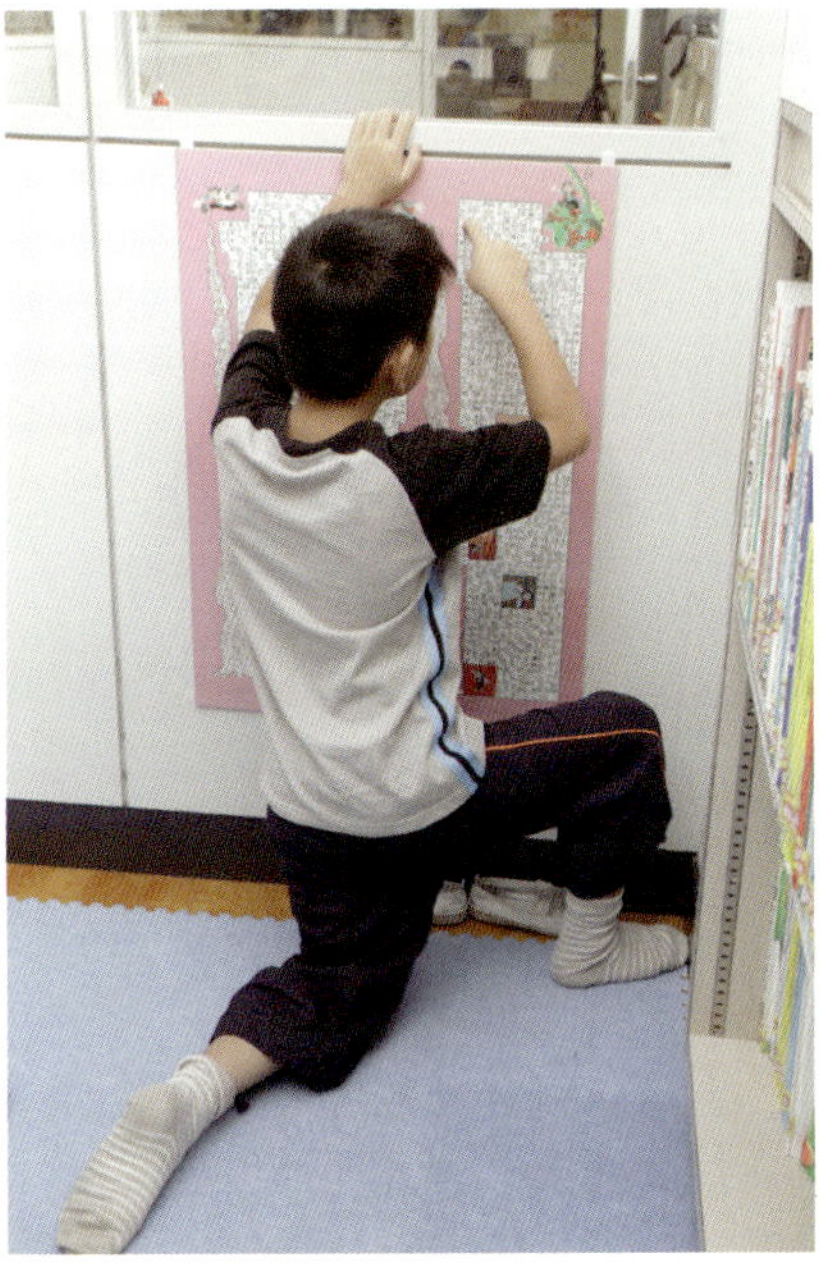

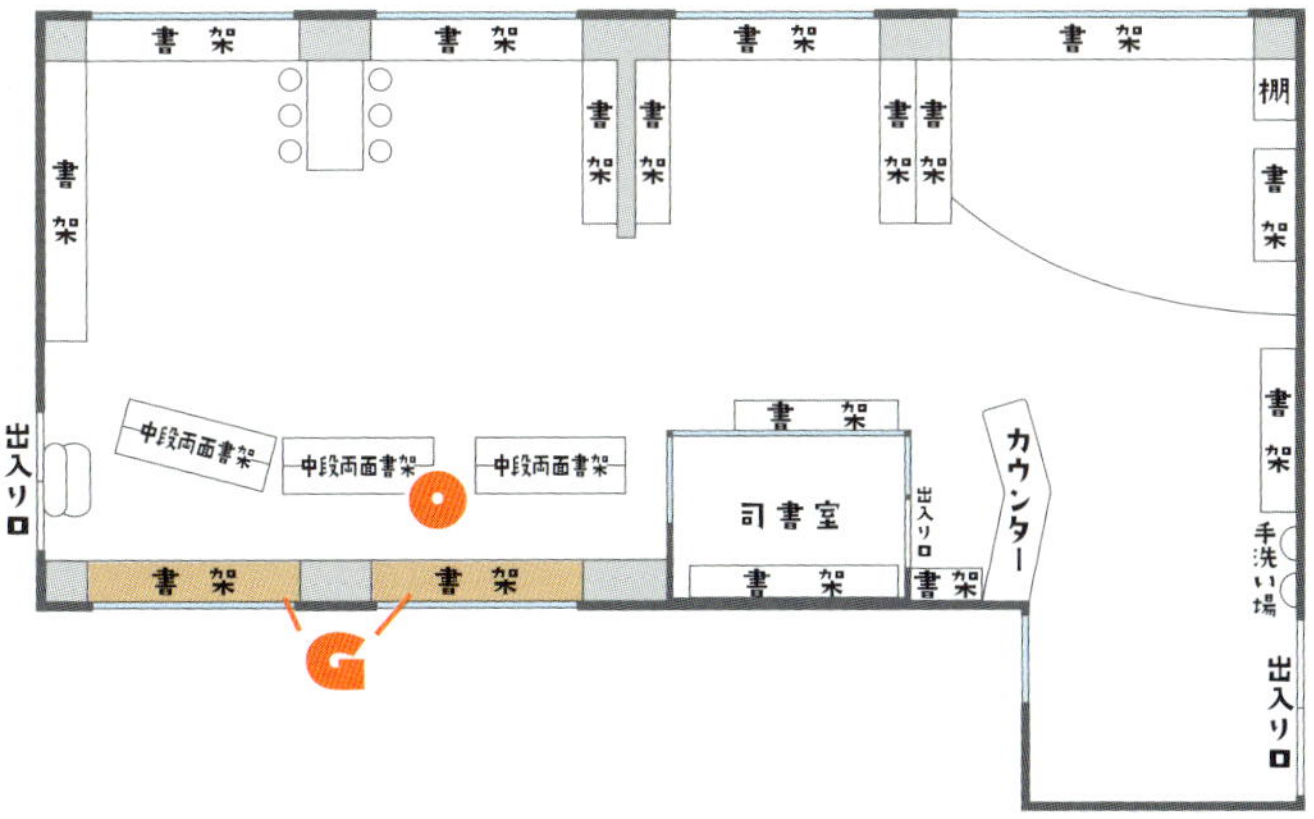

つきあたりの壁におはなしめいろの「ジャックと豆の木」をはりました。
これは指でたどりながら読むものなので、触ることができる高さにはります。

絵本コーナーのつきあたりには出入り口があり、以前は重たいカーテンがかかっていて、暗い隅になっていました。
このカーテンを外したら、外の木も見え、明るく感じのいい空間になりました。目の前にドアがあったら、子どもは開けたくなってしまうので、ソファーを置いてドアに気づかれないようにしました。
また、ドアのガラスが割れても危なくないように、ブックカバー用フィルムをはりました。

P 芸術・スポーツ

クイズ・迷路・なぞなぞ	映画・アニメ
クイズ・迷路・なぞなぞ	映画・アニメ
クイズ・迷路・なぞなぞ	映画・アニメ
クイズ・迷路・なぞなぞ	映画・アニメ

エンターテインメント総記	スポーツ
折り紙・あやとり	スポーツ
折り紙・あやとり	スポーツ
囲碁・将棋・トランプ・手品・室内ゲーム	アウトドア／釣り

<table>
<tr><td>音楽／演劇</td><td>美術</td></tr>
<tr><td>音楽／演劇</td><td rowspan="2">美術</td></tr>
<tr><td>工作</td></tr>
<tr><td>工作</td><td>美術</td></tr>
</table>

美術館で買ったおもちゃを棚に置きました。

赤木POINT!
ここの棚は実用書なので、きれいで新しく、子どもたちが実際に使える本をそろえます。

算数／理科 天文／地学

物理・化学	算数・数学
物理・化学	算数・数学
物理・化学	算数・数学

<table>
<tr><td rowspan="4">宇宙・天文学</td><td rowspan="3">天気・気象</td></tr>
<tr></tr>
<tr></tr>
<tr><td rowspan="3">天気・気象</td></tr>
<tr><td rowspan="4">宇宙・天文学</td></tr>
<tr></tr>
<tr><td rowspan="3">地球・地学</td></tr>
<tr></tr>
<tr><td rowspan="4">宇宙・天文学</td></tr>
<tr><td rowspan="3">地球・地学</td></tr>
<tr></tr>
<tr></tr>
</table>

外国の楽しくてやさしい本	日本の楽しくてやさしい本
外国の楽しくてやさしい本	日本の楽しくてやさしい本
外国の楽しくてやさしい本	日本の楽しくてやさしい本
外国の楽しくてやさしい本	日本の楽しくてやさしい本

赤木POINT!
無機4兄弟は本来ならば高段ですが、どうしても場所がなかったので中段に。その代わり上から下まで同じジャンルで通します。

棚におもちゃを置くと、本にも興味を持つようになります。

赤木POINT!
女子を意識して棚をつくります。

変則的ですが、「ファンタジー」「ホラー」「少女小説」の下段に「家庭科（手芸、マナーその他）」「料理」「食育」「ダイエット」「占い」の棚をつくりました。いずれも、ちょうどいい分量なのと、女子のコーナーであることを意識しました。

H 文学

ミステリー	SF	ファンタジー	ホラー	少女小説	ヤングアダルト	外国文学
ミステリー	中国文学	ファンタジー	ホラー	少女小説	ヤングアダルト	外国文学
ミステリー	中国文学	ファンタジー	ホラー	少女小説	ヤングアダルト	日本文学
ミステリー	時代小説	ファンタジー	ホラー	占い	ヤングアダルト	日本文学
	時代小説	家庭科・手芸・ファッション	料理	ダイエット・食育	ヤングアダルト	日本文学

H

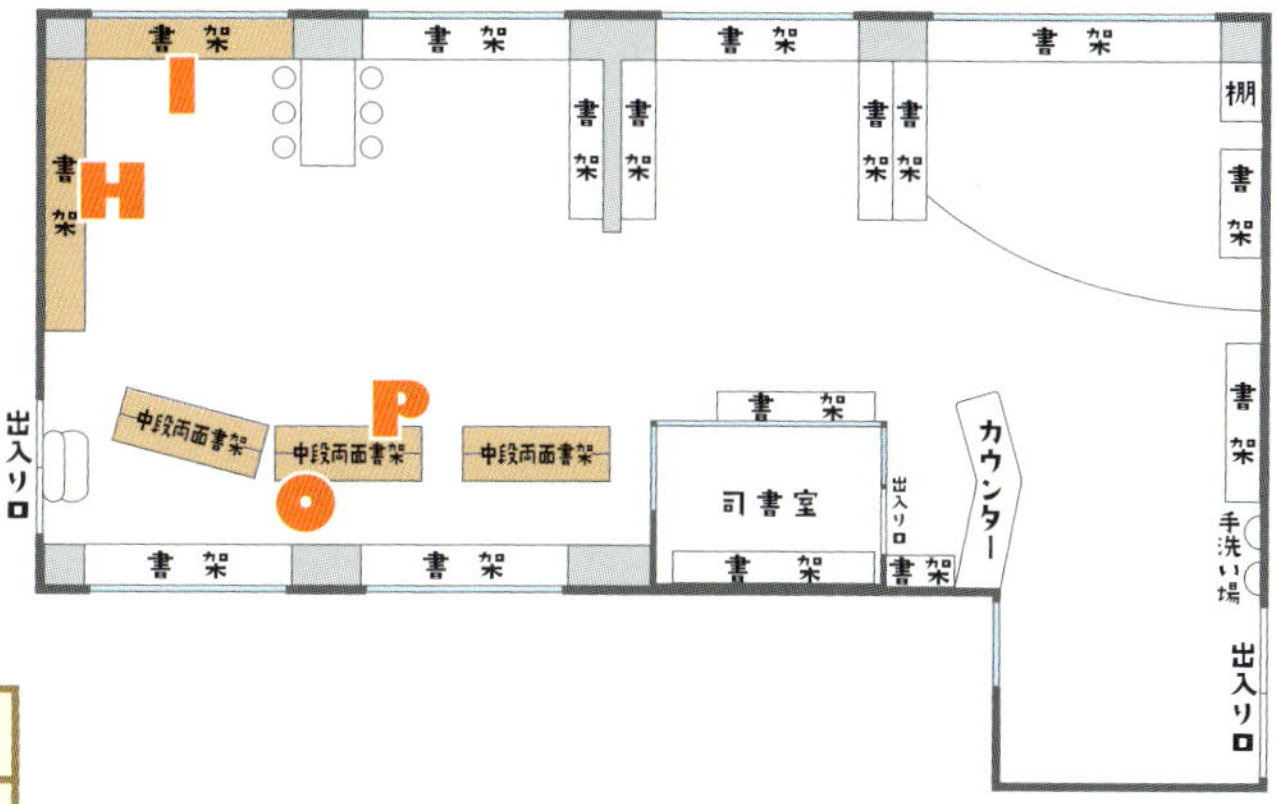

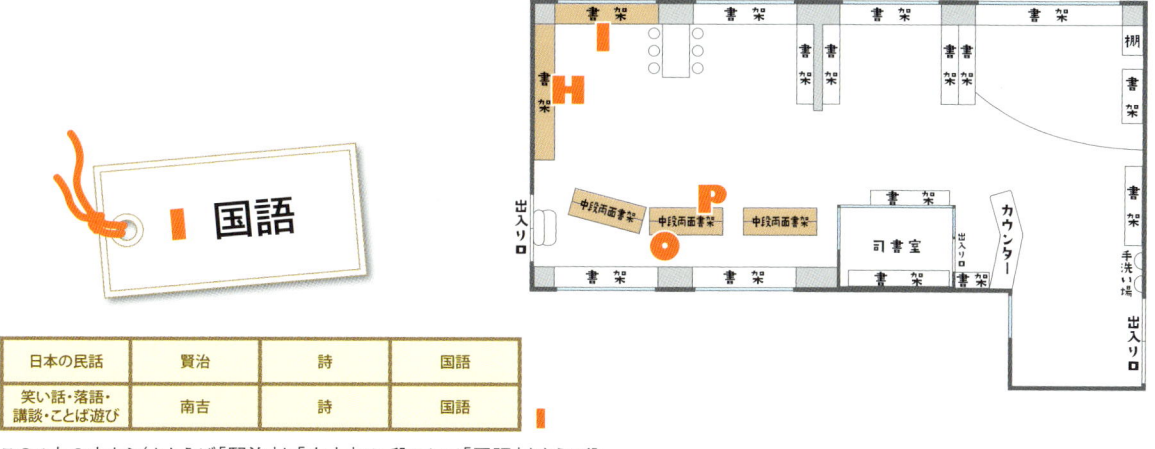

I 国語

日本の民話	賢治	詩	国語
笑い話・落語・講談・ことば遊び	南吉	詩	国語

I

この4本の中なら（たとえば「賢治」と「南吉」で1段にして「国語」をもう1段増やすなど）棚配置は自由に動かしてかまいません。

J ボランティア・心

危機管理	ボランティア	心の問題／老人／死	ハンディキャップ
危機管理		心の問題／老人／死	ハンディキャップ

J

赤木POINT!

ここは「心の問題」がテーマです。隣に「人体」をもってきて「心とからだ」というコーナーをつくりました。

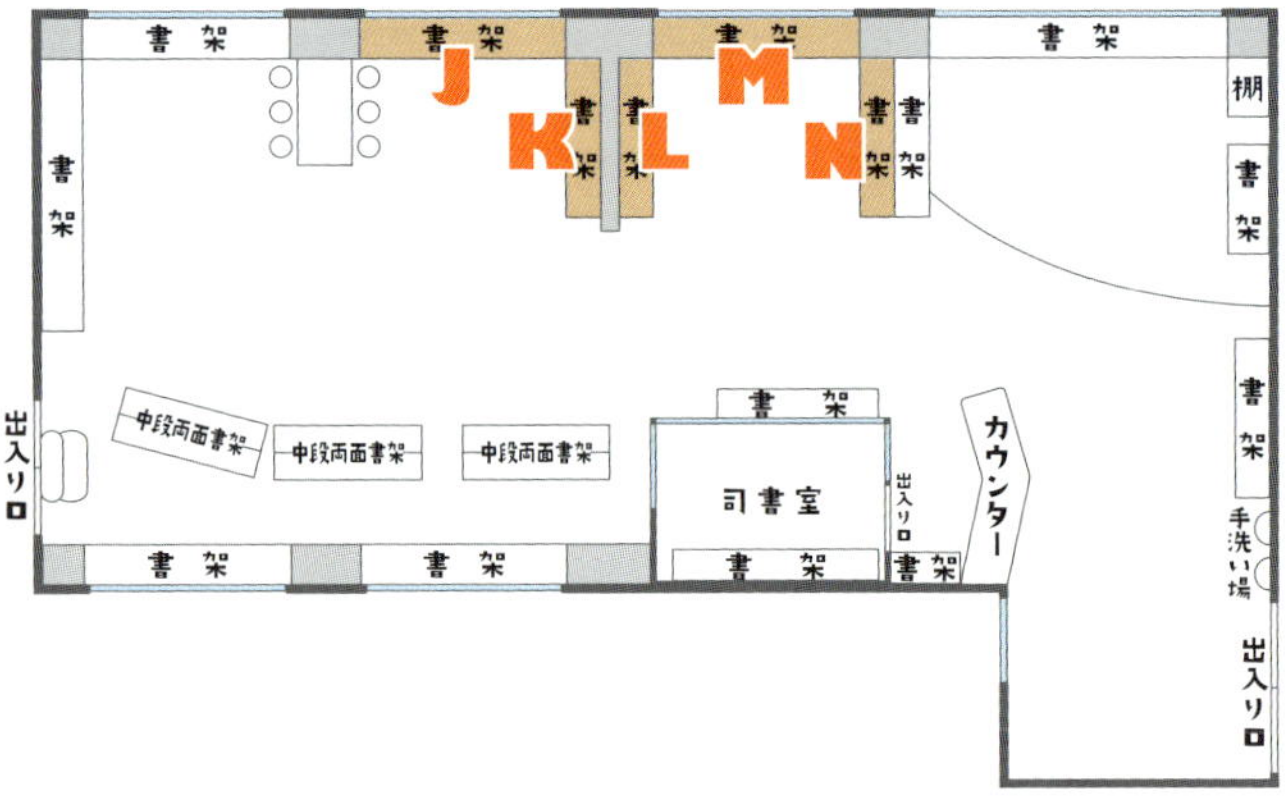

K 人体／日本のくらし

赤木POINT!

NDCの3、5、6をセットにすると「日本のくらし」になります。

人体の仕組み	政治／法律	防災
人体の仕組み／歯	経済／公共サービス	建築／機械工業
子育て	日本のくらし	技術と産業
性教育	仕事	商業・運輸／通信・マスコミ

K

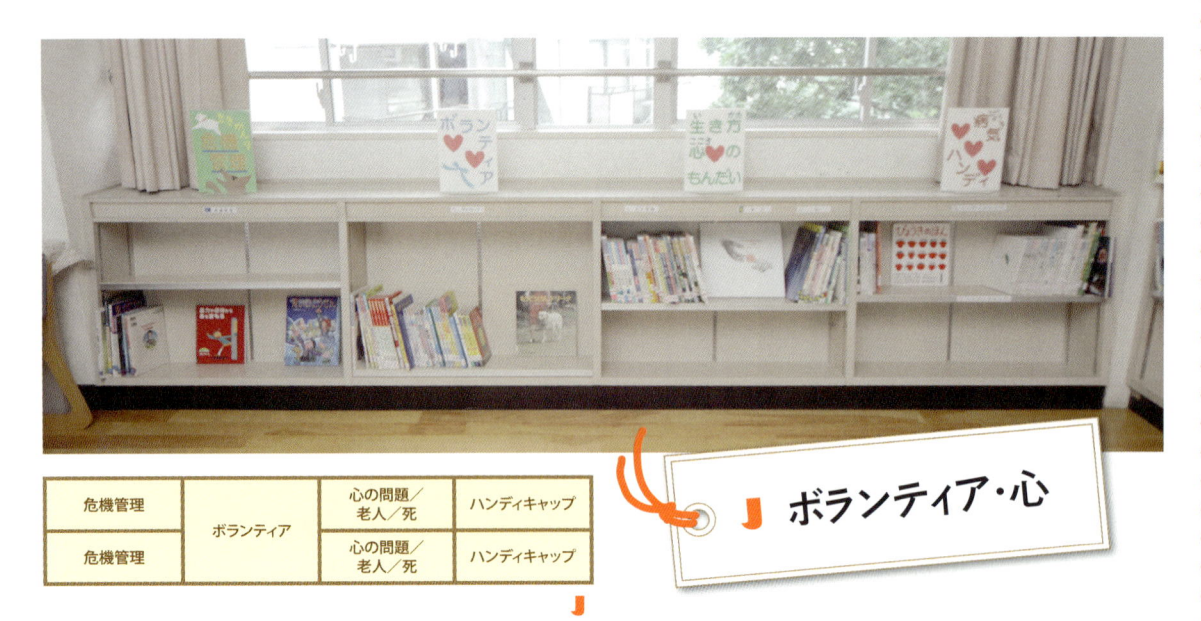

真ん中は「世界のくらし（歴史を含む）」と「日本の歴史」の部屋です。どこの学校にも、必ず歴史の好きなグループがいます。ここはその人たちのために、いちばん大きな机を置き、ゆったりと過ごせるように設計しました。「世界のくらし」のところには「世界の民話」ももってきて、その相対した世界と日本の間には、クッションとして平和な「植物」をもってきました。

赤木POINT!

「世界のくらし」は独立したジャンルで、どこの隣に置かなくてはならないというものではありません。そして見栄えがするので、入ってきていちばん目立つところに置きました。

M 農業／環境／植物

米	農業・園芸	生態系	環境問題
米	農業・園芸	水・資源	環境問題

M

L 世界のくらし

世界の言葉／世界のくらし	ヨーロッパ・ロシアの民話	キノコ・カビ
世界の言葉／世界のくらし	中国・アジア・中近東の民話	草・花
世界のくらし	北米の民話	木・林業
世界地図・国旗・国歌	南半球の民話	植物図鑑

L

N 歴史・地理・伝記

日本の歴史	伝記	日本地図
日本の歴史	伝記	日本地図
日本の歴史	伝記	日本地図
日本の歴史	伝記	日本地図

N

STEP 5

さまざまな工夫

＊大阪府門真市立速見小学校＊

❶ 入り口に図書室マップをはる

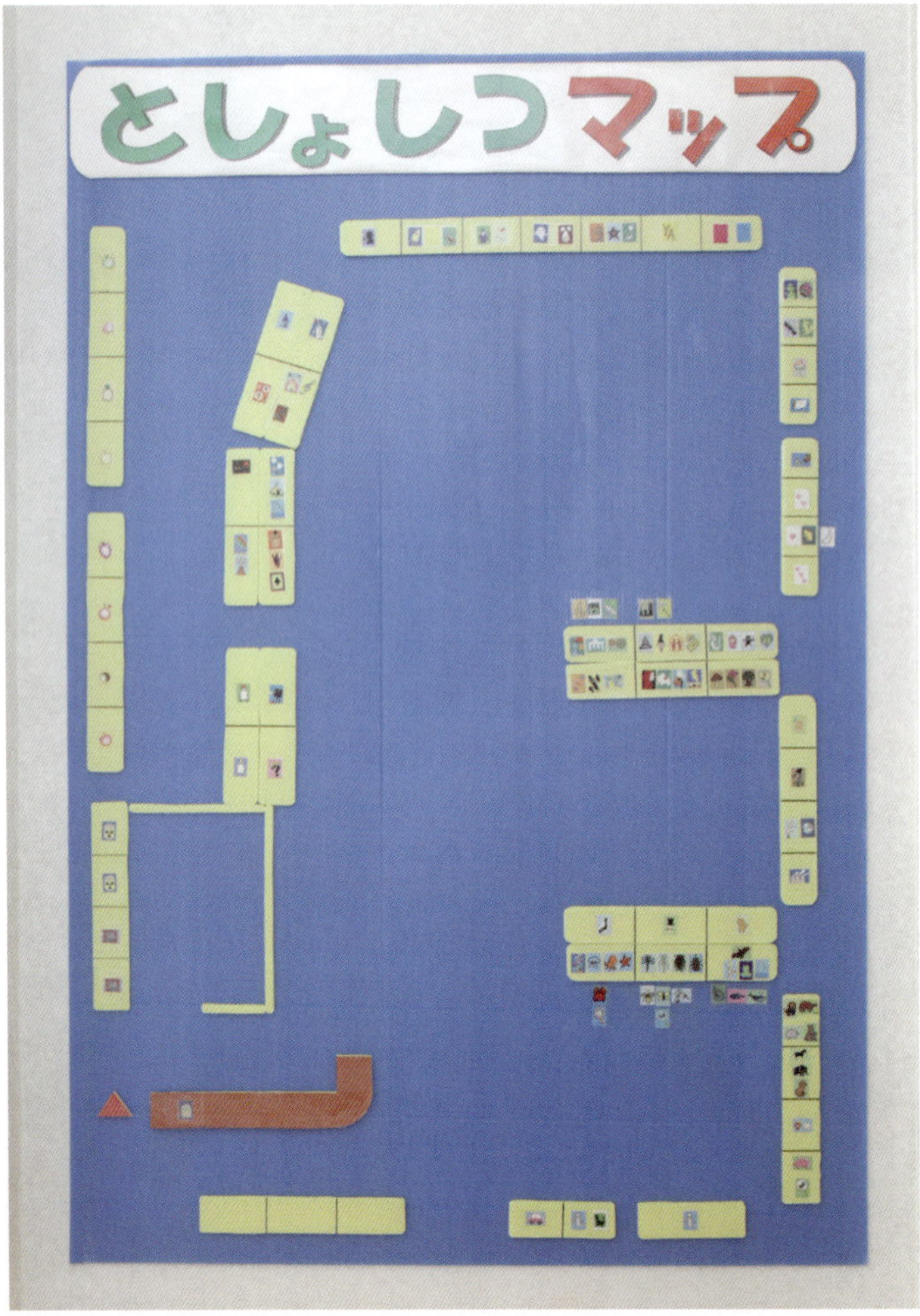

材料はプラスチックダンボール。文字は入れなくても、イラストだけで十分です。

❷ 季節の飾りを展示

Before

After

司書室の前には古い低段書架にPTA図書が置いてありました。それらは撤去して、半円形の机を置き、〝季節の飾りとブックフェア〟のスペースにしました。ここは通路なので、格好の広報スペースです。9月の図書館改装オープンに合わせて〝秋の飾り〟をつくりました。

③ 柱、壁にポスターをはる

机を柱につけて置き、「国語」と「心とからだ」を区切りました。

2mの身長計ポスターは大人気!

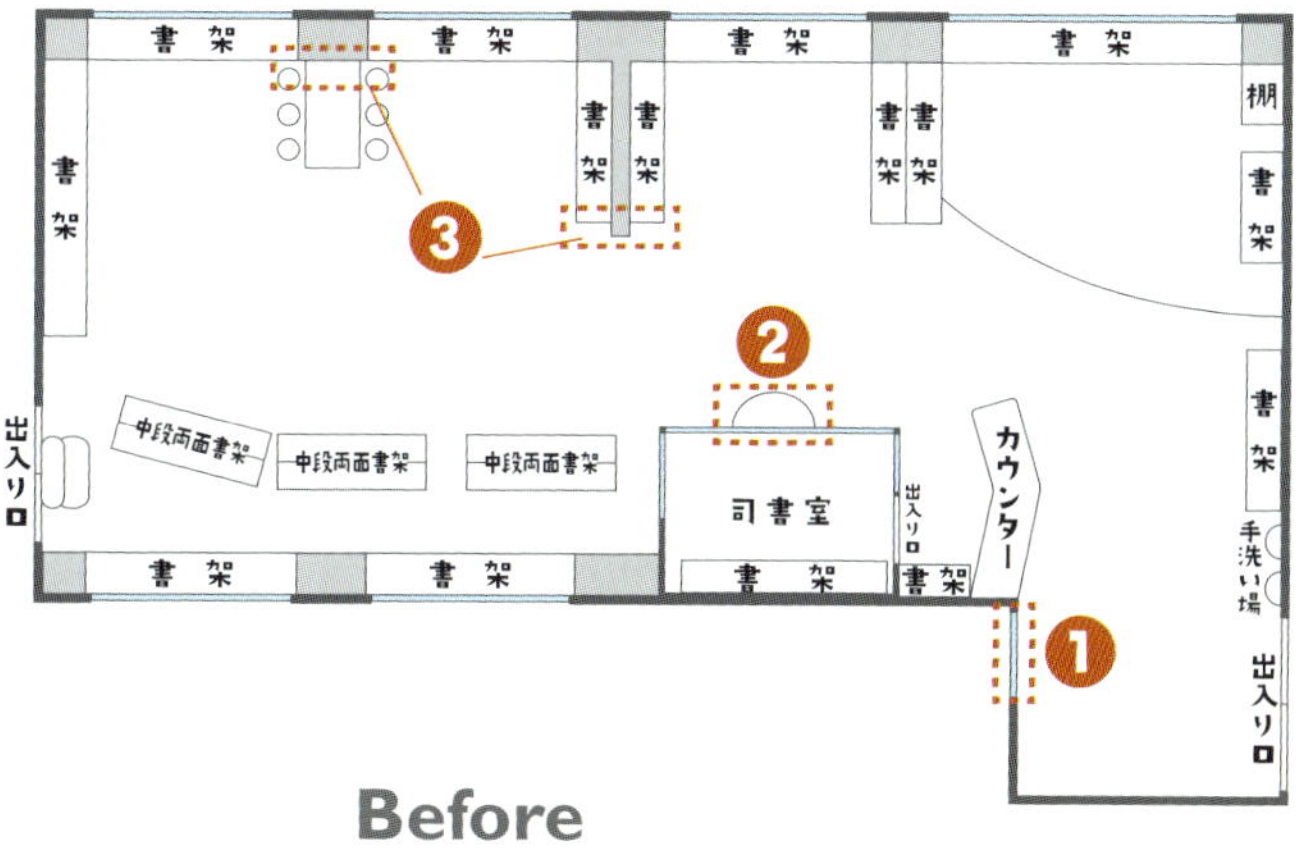

Before

テーブルクロスをかける

机の雰囲気がやわらかくなります。

After

改装後の図書館

＊大阪府門真市立速見小学校＊

まず、入り口の
マップで確認。

自分の読みたい本がどこにあるか、これでわかります。

「文学」の棚は
女子に人気。

「自然科学」の本は
座り込んで
読みたくなります。

歴史好きが、
ゆったり読書。

部屋全体を使いやすい図書館に

「宇宙」と「地球」の棚の上に、地球と月の1万分の1のおもちゃを飾りました。

ドリルで天井のレールに穴を開け、金具を設置。

この2つを3.8m離したところにつるすと、あまり宇宙に興味のない子どもでも、月ってこんなに遠いんだ！と感嘆してくれます。

ソファーは定員オーバー。

絵本コーナー。

子どもたちはちゃんと上履きを脱いで上がりました。

チェックしよう!

改装の流れ

準備 *チェック項目*

*** ペンキ塗りは必要か?**

→書架がきれいなのでペンキは塗らない。

*** 書架はつくる必要があるか?**

→必要なし。

*** テーブルクロスは必要か?**

→必要。テーブルは扇の形をしていたので、あらかじめ縫ってもらった。

*** カーペットは買えるか?**

→事前に買えなかったので、組み立て式の安いカーペットを改装当日に購入。

*** 廃棄手段を調べ、何冊廃棄できるか確認する。**

*** 書庫を確保する。**

*** 新刊は買えるか?**

→本が届くのに時間がかかるので、2か月前に発注。

*** 消耗品と文具を買う。**

・ブックカバー用フィルム　・イラスト分類シール　・パネルサイン
・ポスター各種　・両面テープ　・交換用粘着テープ
・プラスチックダンボールパネル10枚程度　・シールカバー
・ブックカバー用フィルム専用のはさみ　・ブックカバー用フィルム専用の定規
・はさみ　・カッター　・カッター用定規　・カッターマット(A3サイズ以上のもの)

消耗品と文具以外に、ぬいぐるみや理科のおもちゃ、ポスター、カレンダーなどを購入する費用が3万円くらい欲しい。

・7月14日と26日に、地域、保護者の方々に、図書館改装ボランティア募集のお手紙を発送。

7月17日（金）

● 5年生38人

赤木POINT!
終業式の日に子どもたちに声をかけて手伝ってもらいました。お手伝いをすると愛着を感じるようになります。

8月23日（日）

● PTAと地域の方50人
● 教職員24人

● 本の準備

7月17日

本はすべて特別教室に運び
・図書館に戻す本
・廃棄する本
→各クラスと中央廊下の書架に分ける。

8月23日

本の仕分け作業は、最後まで続ける。

赤木POINT!
大掃除のときは、お父さんが来てくれると助かります。背の高い人、大歓迎。

● 部屋の準備

7月17日

8月23日

【図書館内で作業】
・大掃除
・動かせる書架と机といす、カウンターを全部外に出す。
・掲示物をすべてはがす。
・天井から掃除する。
　＊電球を磨く
　＊カーテンを取り外して洗う
　＊窓を磨く
　＊壁と床を磨く

【廊下で作業】
・書架を磨く。壊れているときは修理。面出し書架は壊れやすいので補強する。
・カウンターを倒して掃除。

赤木POINT!
メラミンスポンジで磨くと、くすんでいた感じが消え、きれいになりました。机も磨きます。

● その他

8月24日（月）

- PTAと地域の方30人
- 午後、教職員20人

本の準備

【本の準備をする部屋で作業】

・新刊と、図書館に戻す本にブックカバー用フィルムをかける。
・本にイラスト分類シールとシールカバーをはる。
・無線綴じの本の糸綴じをする。

部屋の準備

【図書館内で作業】

・配置を決める。

大掃除が終わってから、5本あった中段書架は3本に減らして室内に入れて配置を考える。最初は、中段書架を斜めに置いてみたが合わず、いろいろ試して絵本書架に平行に置いてみたら成功！　これだけに30分以上かかった。これさえ決まれば、あとは簡単！

その他

★サインの準備

【サインをつくる部屋で作業】

・棚サインをつくる。
・パネルサインやポスターにブックカバー用フィルムをかける。

8月25日（火）

- PTAと地域の方30人
- 教職員20人

本の準備

【本の準備をする部屋で作業】

・新刊と、図書館に戻す本にブックカバー用フィルムをかける。
・本にイラスト分類シールとシールカバーをはる。

部屋の準備

【図書館内で作業】

・書架1段1段の配置を決める。
・棚サインをはる。
・本を棚に入れる。

準備ができた本を、サインがはられた棚に入れ始める。新刊も入れる。

・机、いすを配置する。
・図書室マップをつくる。
・「ダーウィンの引き出し」をつくる。
・棚磨きをする。
・掲示板に布をはる。
・パネルサインやポスターをはり、おもちゃを設置する。

先生方で力を合わせてはりました。

速見小 DATA

- 児童数：637 人
- 司書：0 人
- 蔵書数：改装前 6500 冊
  →改装後 1200 冊
- 本購入の年間予算：65 万円

- 今回かかった費用
  購入した本 511 冊　：65 万円
  その他（消耗品・雑貨等）：40 万円
  合計：105 万円

改装を終えて、先生の声

Q. コストダウンのポイントは？

A. 本棚などはきれいなので、設備面では現状を生かすようにしました。かかったのは、図書費と消耗品だけです。

Q. 改装の人員を集めるために工夫したことは？

A. 学校支援地域本部のコーディネーターに声をかけ、地域の方々とPTAの協力を得られました。

Q. 改装で何が大変でしたか？

A. 費用の捻出と、教職員の共通理解を得ることです。
費用は、大阪府市町村向上支援プロジェクトに申請し、40万円の援助を受けることができました。

Q. 図書館を改装して、学校が変わりましたか？

A. 子どもたちは、改装後の図書館を見て「すごい！」「見やすい！」と驚きの声を上げていました。改装後は毎日満室です。特に男子が増えました。いすは40席しか置いていないのですが、子どもたちはじゅうたんのスペースにも散らばって、窮屈な感じはしません。貸し出し数も増え、本をきちんと借りる児童が増えました。
「子どもたちがワクワクするような図書館にしたい」とかねてから願っていました。学力の支えとなる読書活動を定着させたいと考えていたときに、劇的に図書館が変化したことで、学校全体が図書館を積極的に活用するようになりました。高学年が低学年へ読み聞かせをすることや、お薦めの本の紹介文を廊下にはり出す取り組みが全学年で始まりました。

また、今回の改装のお手伝いを地域の方々やPTAに呼びかけ、作業に協力してもらうことができて、とても助かりました。図書館に興味を持つ保護者が増え、図書の充実を願う保護者が多いということがわかりました。これからも、本の整備などにも声をかけて、地域の方々や保護者の方々が学校に積極的に関われる機会にしたいです。

今後の課題は、本を増やすことです。改装してから、棚にない本がわかりやすくなりました。これまでは年に1回しか図書購入の機会がなかったのですが、年に2回は新しい本を購入するようにしたいと思います。

赤木アドバイス

今回、きちんと分類したので、どのジャンルの本がどれくらい足りないかが、はっきりとわかるようになりました。

この学校の課題は、子どもたちが心から読みたい新刊を今後どれくらい購入できるかにかかっています。

改装OPEN!!

・季節の展示をつくって、テーブルクロスをかけて、完成！

続けてやること

＊棚磨きは毎日。
＊おもちゃの位置を整え、壊れているおもちゃがないか、確認する。
＊テーブルクロスは1学期に1回洗う。できれば、春夏ものと秋冬ものは取り替える。
＊四季の飾りを変える。
＊本を購入する。

〈実例2〉

宮城県仙台《せんだい》市立加茂《かも》中学校

～部屋が2つの図書館～

先生の悩み

「右側の部屋は、9の文学を中心にした本棚が縦に何列も並んでいて暗い部屋。古い本が多く、だれも寄りつきません。どうすれば、活用できる部屋にすることができるでしょうか。」

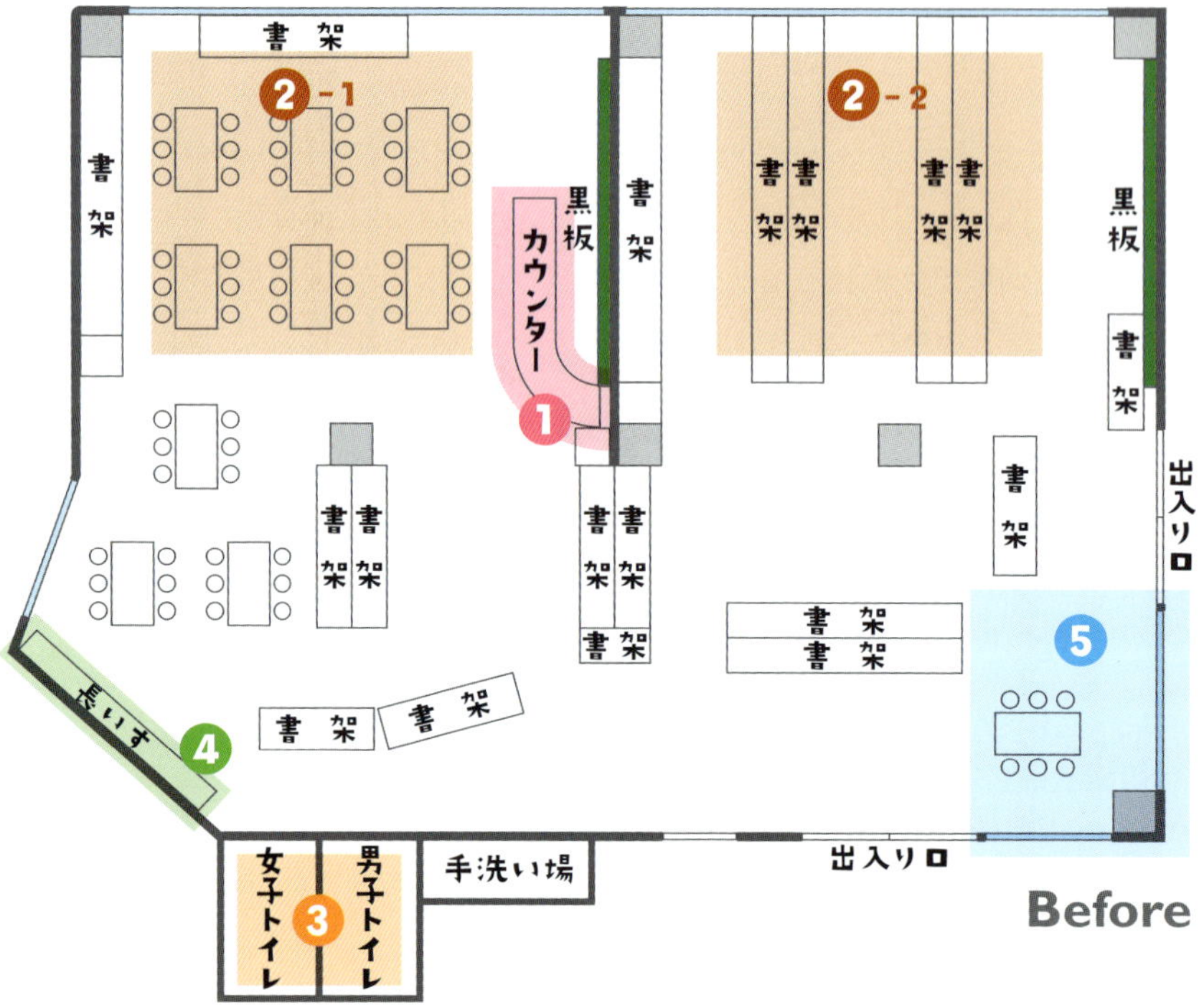

見取り図を見ていただければおわかりでしょうが、この図書館は、壁で区切られた２つの部屋と、廊下と呼ぶには広すぎるスペースでできています。

赤木チェック!!

1. このカウンターの位置では、ほとんどのところが死角になってしまうので、移動します。
2. 部屋が２つあるので、「レファレンス（勉強系）」と「エンターテインメント」に分け、それぞれに机を入れたい。
3. トイレが丸見えなので、目隠しをつくりたい。
4. 出窓の下の長いすは、くつろげるコーナーにしてあげたい。（冬にはここにストーブが来るので）
5. 入り口の右手側は、日が差し込んで、明るく暖かい、居心地のいい空間。今は何も置いていなくて、デッドスペースになっているこの場所を何かに生かしたい。

2つの部屋のちょうど中央の壁の前にカウンターがありました。

左側の部屋には、机を並べていました。

右側の部屋は、書架がそびえ立っています。

出窓の下の長いすは広々しています。

入り口の右手側はデッドスペースになっています。

STEP 1

カウンターの位置を変える

カウンター周りをつくる

このカウンターの位置では、図書館全体を見ることができません。生徒はどこから出入りするのでしょう？と聞いたら「出入り口＊」（見取り図）ということだったので、全体を見渡せる位置にカウンターをもっていきました。つくりつけのカウンターもありますが、たいていのカウンターは動かせます。しかし、本当は、こういう仰々しいカウンターは必要ありません。コンピュータが置けて、必要な業務ができればいいのです。

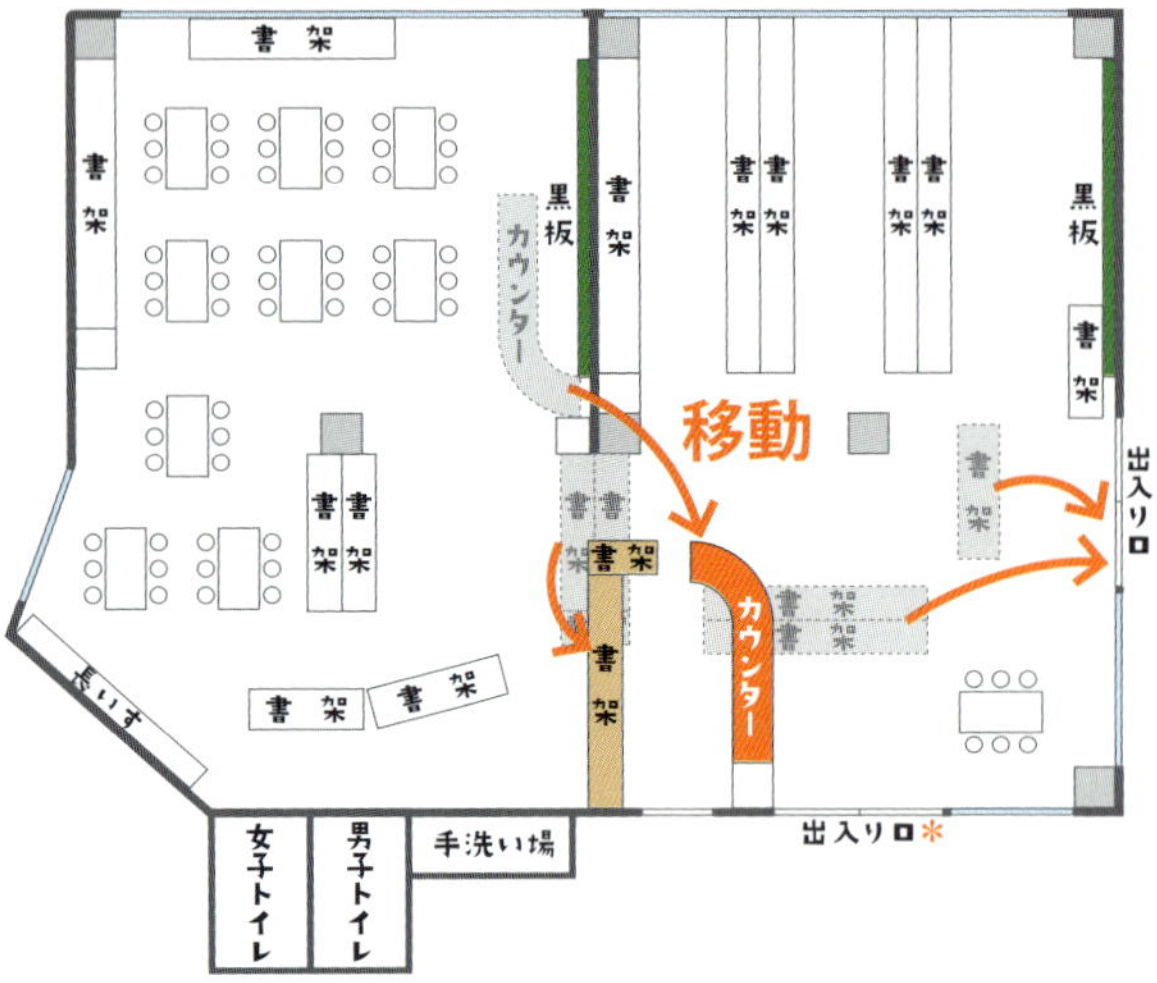

Before

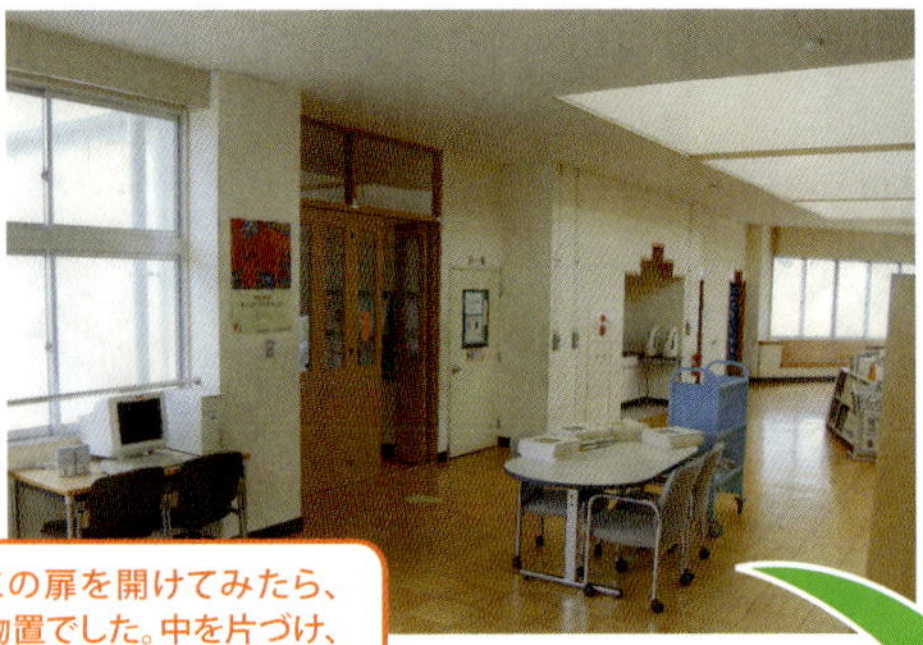

入り口のスペースには何もありませんでした。

この扉を開けてみたら、物置でした。中を片づけ、掃除をして書庫につくり直しました。カウンターの後ろにちょうど書庫が来ました。

After

入り口でカエル司書が出迎えます。

部屋全体を使いやすい図書館に

カウンターのスペースを調節するために（部屋のサイズに対してカウンタースペースが大きすぎても小さすぎても居心地が悪くなるので）、面出し書架を1つもってきて新しい本の置き場所をつくりました。司書のいる学校なら、毎週何冊かずつ、旬の本を買っていくことができます。

A4が入る古い2段書架（元は茶色だった）を白く塗り直してもらい、カウンターの脇をふさぎました。分量的にもちょうどよく、中学生にはとても大事な「仕事」の本をここにもってきました。ぴったり6段で、きれいに入りました。

STEP 2

おおまかな配置を決める

レファレンスルームとエンターテインメントルームに分ける

中学校の主なジャンルはだいたいこんなところです。この図書館は2部屋プラス広い廊下で4部屋分ですが、「レファレンスルーム」と「エンターテインメントルーム」に分け、「歴史・地理・伝記」の3兄弟を独立させることを思いつきました。

今回はここがポイント！

中学校のジャンルをどこへ？

文学　国語　芸術・スポーツ
日本のくらし　世界のくらし
自然科学　人体　歴史・地理・伝記
ボランティア　植物　環境　農業
レファレンス　郷土　戦争・核
仕事

レファレンスルーム

① レファレンスルームにも机を入れて勉強できるようにしたい。

→室内にそびえ立っていた高段書架（A4サイズが入らない）を一度すべて外に出し、ここにレファレンスルームをつくります。

② カウンターから部屋全体が丸見えだと落ち着かない。

→外に出した書架のうち、4本を柱の両側に置き、壁の代わりにします。（E、F、G、H）「郷土」や「戦争」などの別置用やブックフェア用の飾り棚として使います。

③ 黒板前に4段書架（D）をつくりました。

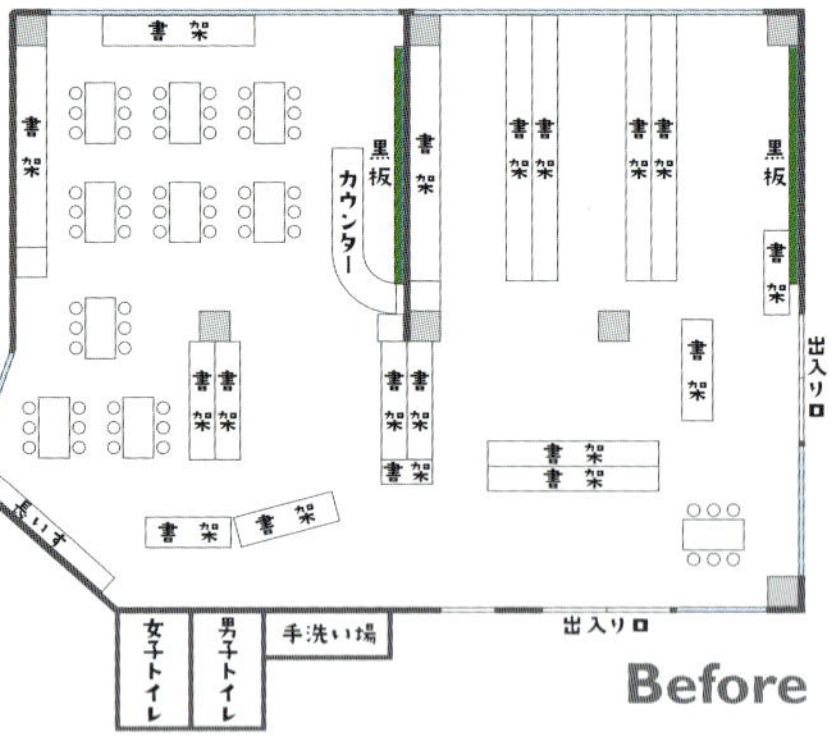

Before

A ＝「新着図書」
B ＝「仕事」
C ＝「ボランティア」「環境」「植物・農業」「日本のくらし」
D ＝「自然科学」
E ＝「戦争・核」
F・H ＝「国語」
G ＝「郷土」

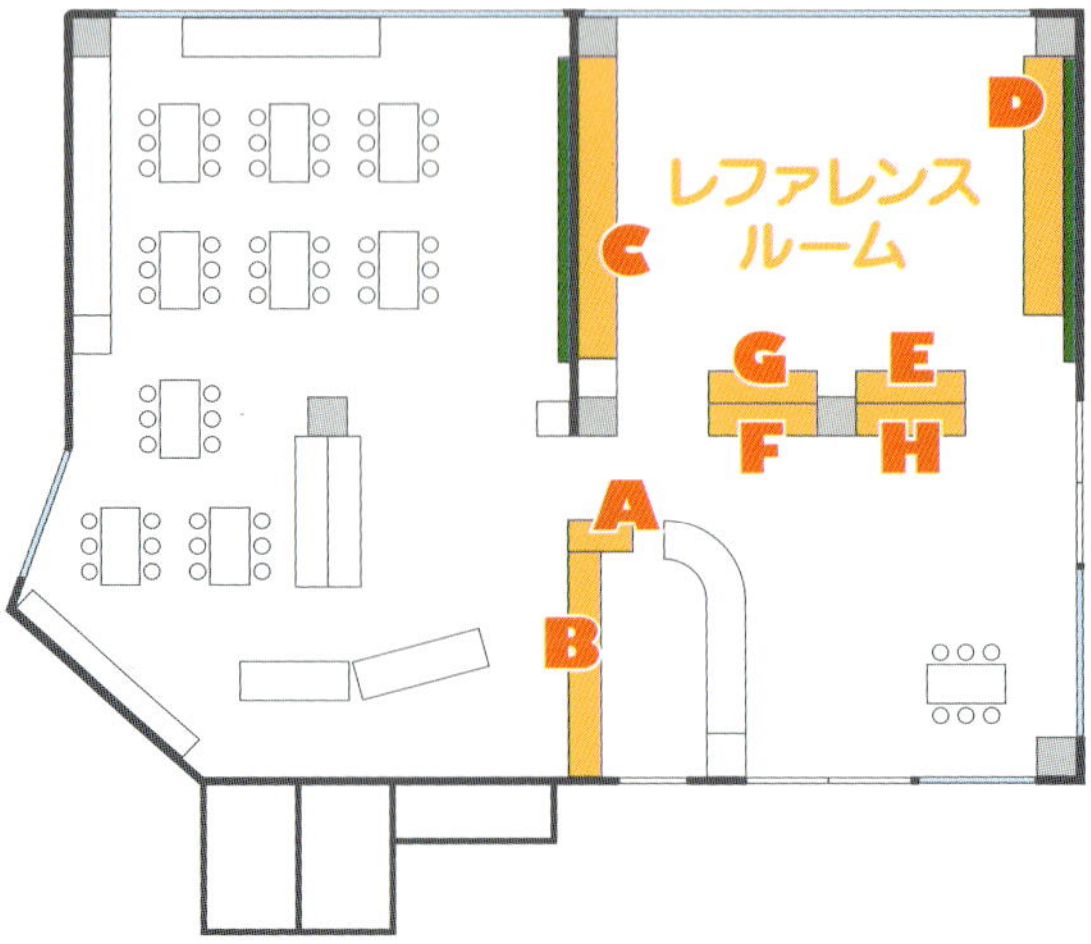

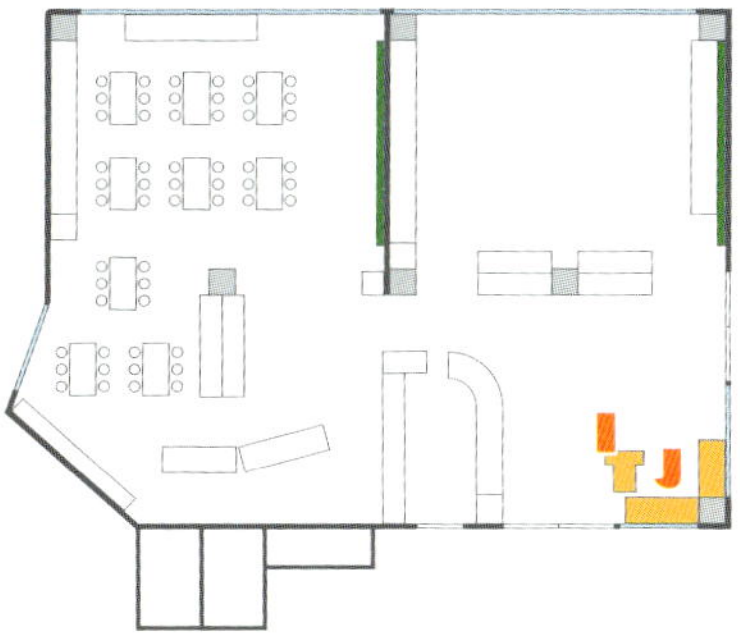

● 部屋の隅を歴史コーナーに

何もない空きスペースだった日当たりのよい部屋の隅に書架を置き、「歴史・地理・伝記」をもってくることにしました。（P97を見てね）

I・J ＝「歴史・地理・伝記」

エンターテインメントルーム

この四角い部屋のどこに何を置くか、まず、いちばん大きなパーツで考えます。
この部屋に置かなければならないのは「文学」と「芸術・スポーツ」のジャンルです。

① 文学サイズの本しか入らない高段書架を黒板前に並べました。（L）

② レファレンスルームと同様、柱の両側に書架を置いて壁の代わりにしました。（M、N、O、P、Q、R）

K ＝「芸術・スポーツ」
＊「芸術・スポーツ」の本はサイズが大きいので、ここにしか入らない。

L ＝「文学」

M ＝「占い」

N ＝「クイズ・迷路・なぞなぞ」

O ＝「ティーンズ文庫」

P ＝「SF」

Q ＝「心の問題」「危機管理」

R ＝「課題図書」「今月の本」

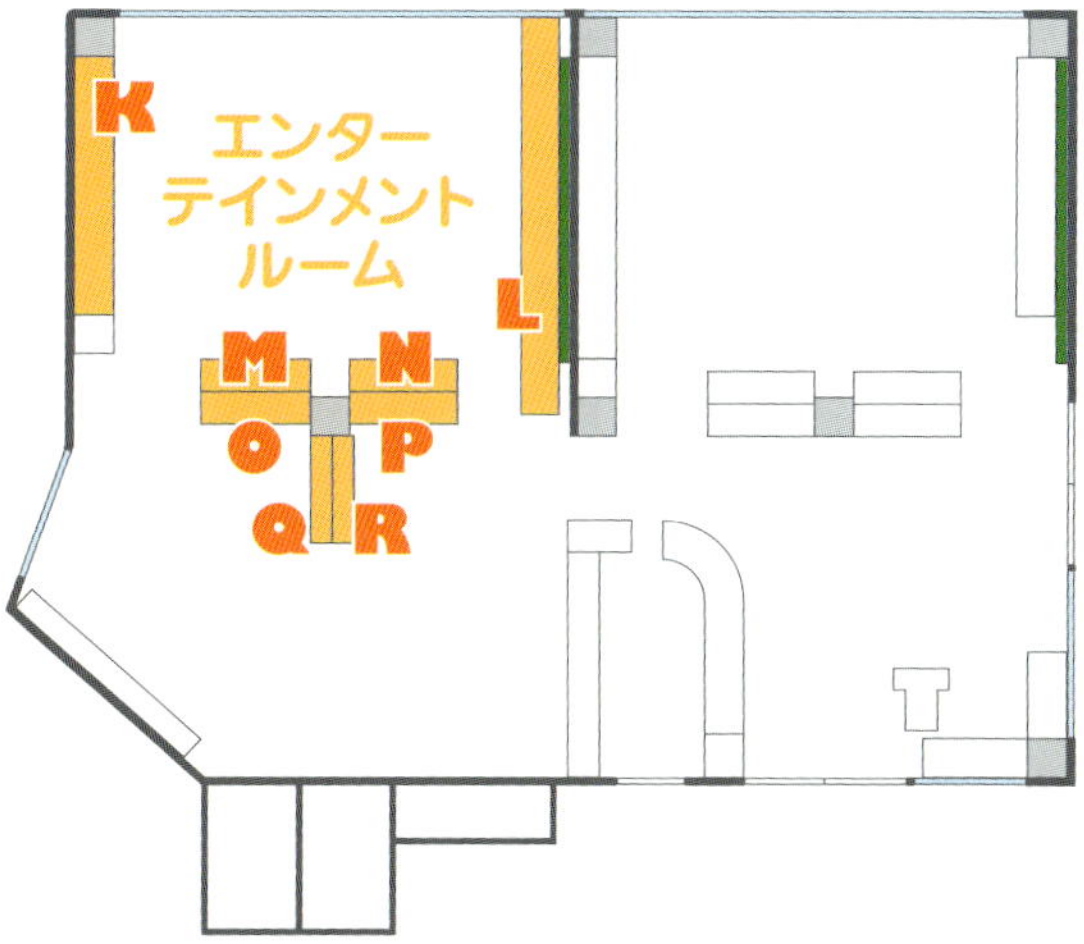

STEP 3

棚の配置のポイント

宮城県仙台市立加茂中学校

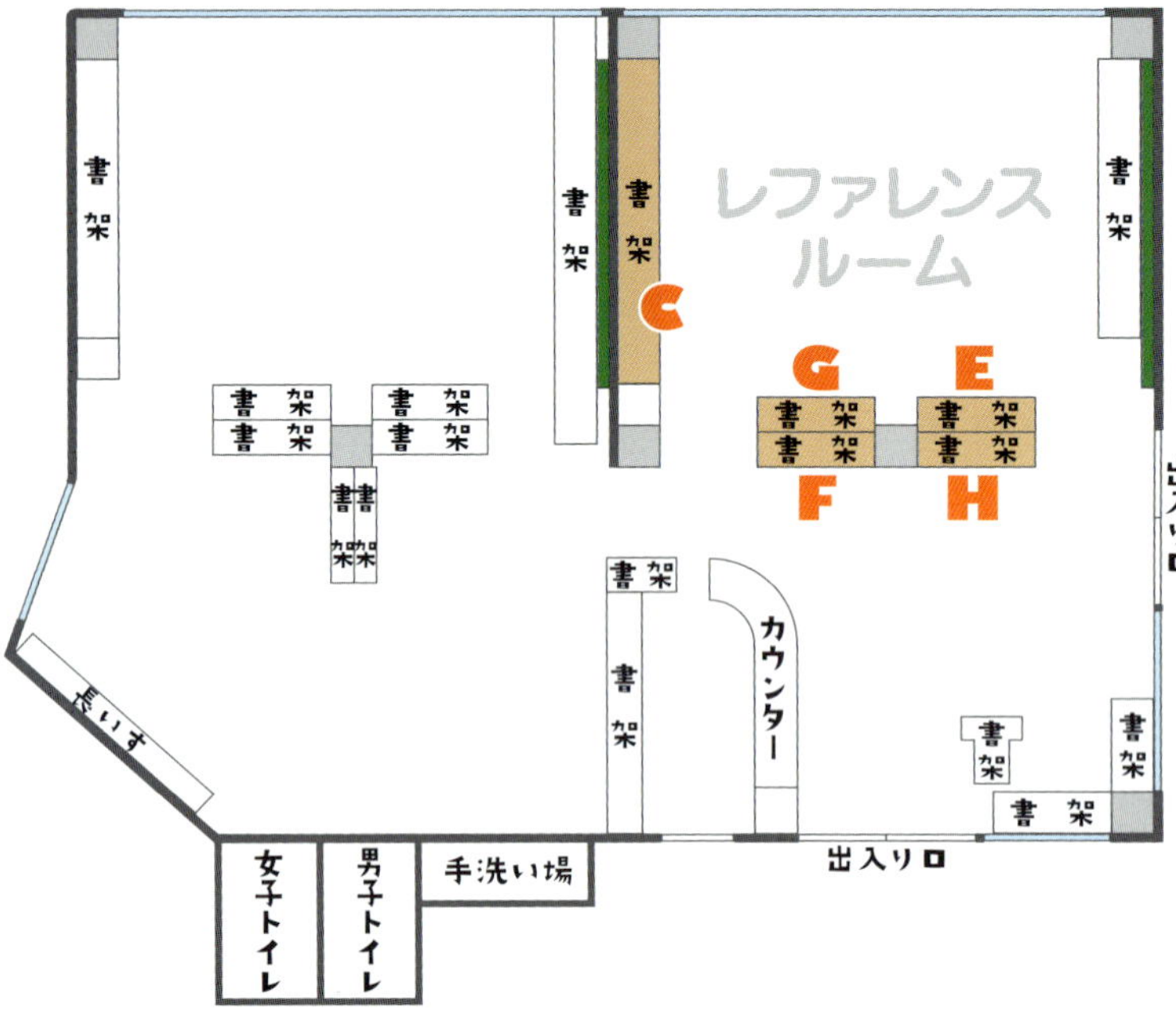

レファレンスルーム

赤木POINT!

ここは主に「社会科学」を置かなくてはならない場所です。書架としては幅が狭すぎる棚なので、縦3段はなるべく同じものを入れ、面としてアピールできるようにします。

C ボランティア／環境／植物・農業／日本のくらし

世界の言葉	世界の言葉	ボランティア	ハンディキャップ	政治	技術と産業	機械工業	防災	生態系	環境問題	環境問題	キノコ	植物図鑑	農業・園芸	牧畜
世界の言葉	世界の言葉	ボランティア	ハンディキャップ	法律	技術と産業	商業・運輸	建築	生態系	環境問題	環境問題	草・花	植物図鑑	農業・園芸	牧畜
世界の言葉	世界の言葉	ボランティア	ハンディキャップ	経済	日本のくらし	通信・マスコミ	建築	水・資源	環境問題	環境問題	木・林業	植物図鑑	農業・園芸	牧畜

C

壁に布をはる

この部屋の壁は広く、この緑色が居心地の悪い原因の1つなので、壁に布をはりました。壁に布をはっておくと、サインパネルやポスターをはったり外したりするのにも、壁紙よりずっと簡単で便利です。それに安いです。

端からガンタッカーで打ちつけます。

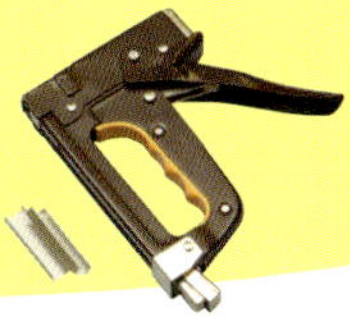

Before

面が広いので、2枚の布を合わせました。

After

手づくりの書架を載せ、それぞれの棚に入れるものを決め、棚サインをはり、本を入れ、どこに何があるか遠くからでもわかるようにパネルサインをはって完成です。

赤木POINT!

この書架はA4が入らないので、飾り棚としてしか使えません。内側には、比較的小型の本が多い「戦争」「核」「郷土」の別置を、外側のよく目立つ棚には「国語」を配置しました。

E 戦争・核　**F・H** 国語　**G** 郷土

核	戦争		辞典	郷土
核	戦争		辞典	郷土
核	戦争	柱	辞典	郷土
核	戦争		辞典	郷土
核	戦争		辞典	郷土
核	戦争		辞典	郷土
E			G	

国語	国語		国語
国語	国語		国語
国語	国語	柱	国語
国語	国語		国語
国語	詩		国語
国語	詩		国語
F			H

D 自然科学

「自然科学」の本はどのジャンルも基本的にA4サイズです。
ところが、この学校にはA4サイズの書架は2段の低段書架しかありませんでした。
そこで、とりあえずはここに「自然科学」を仮置きしておいて、後で高段書架をつくってもらえることになりました。

After

まずこの壁にも布をはり、パネルサインをはります。書架は仮置きです。

Before

これが新しい4段書架です。写真ではわからないのですが、棚の内側にもう1枚板があって、強度を出すと同時に、もし棚板を動かしたかったら、動かせるようになっていました!

5本あります。配置を決め、棚サインをはり、本を入れ、棚磨きをして、完成です! 5段でつくってもらうつもりでいたのが、私の発注ミスで4段だったので、黒板が見えてしまっています。ここにはまた後で布をはることにしました。プラスチックのカーテンレールをはりつけて、カーテンのようにしてもいいと思います。

I・J 歴史・地理・伝記

歴史のコーナーをつくりました

世界と日本の両方を置きましたが、場所はこれだけしかないので今まで「社会科学」の棚にあった本を要らないものは抜いて、ここに入るようにしてくださいと社会科の先生に頼んだら、張り切ってここの棚をつくってくれました。

「どこで切りますか?」とお聞きしたら、「さすがにソビエト連邦が載ってるものはまずいでしょう」とおっしゃいました。その脇に「時代小説」と「中国文学」。

小学校5年あたりから中学になると一気にここのジャンルのファンは増え、この何十年というもの、根強い人気を誇っています。

Before

After

J-2
J-1

ボロボロの長いすがあったので、リフォームをしました。(P101参照)

日本の歴史
日本の歴史
日本の歴史
日本の歴史
日本の歴史

J-2

考古学	日本地図	世界地図・国旗・国歌	世界のくらし	世界のくらし	世界のくらし	伝記
考古学	日本地図	世界地図・国旗・国歌	世界のくらし	世界のくらし	世界のくらし	伝記

J-1

エジプトの置き物のブックエンドを置きました。

赤木POINT!

カウンターの真向かいなので、「エンターテインメント総記」(総記の中でも雑学本的なもの、"ギネスブック"や"なんでもあるある大事典"など)を入れました。「シリアス総記」の百科事典は、小学校なら、カウンターの上に置いてもいいです。

世界のくらし
伝記

窓の上のところにパネルサインをはりました。高いところにはると、どこからでもよく見えます。ガンタッカーで打ちつけます。

中国文学
中国文学
中国文学
中国文学
中国文学
中国文学

I-1

エンターテインメント総記
エンターテインメント総記
エンターテインメント総記
エンターテインメント総記
エンターテインメント総記
レファレンスブック

I-2

時代小説
時代小説
時代小説
時代小説
伝記
伝記

I-3

I-3
中国文学
エンターテインメント総記
レファレンスブック
I-1
I-2

エンターテインメントルーム

赤木POINT!

文学は"空想系"と"リアル系"に分け、置き場所は離しました。ここは"空想系"つまり、「小説・物語」の棚です。

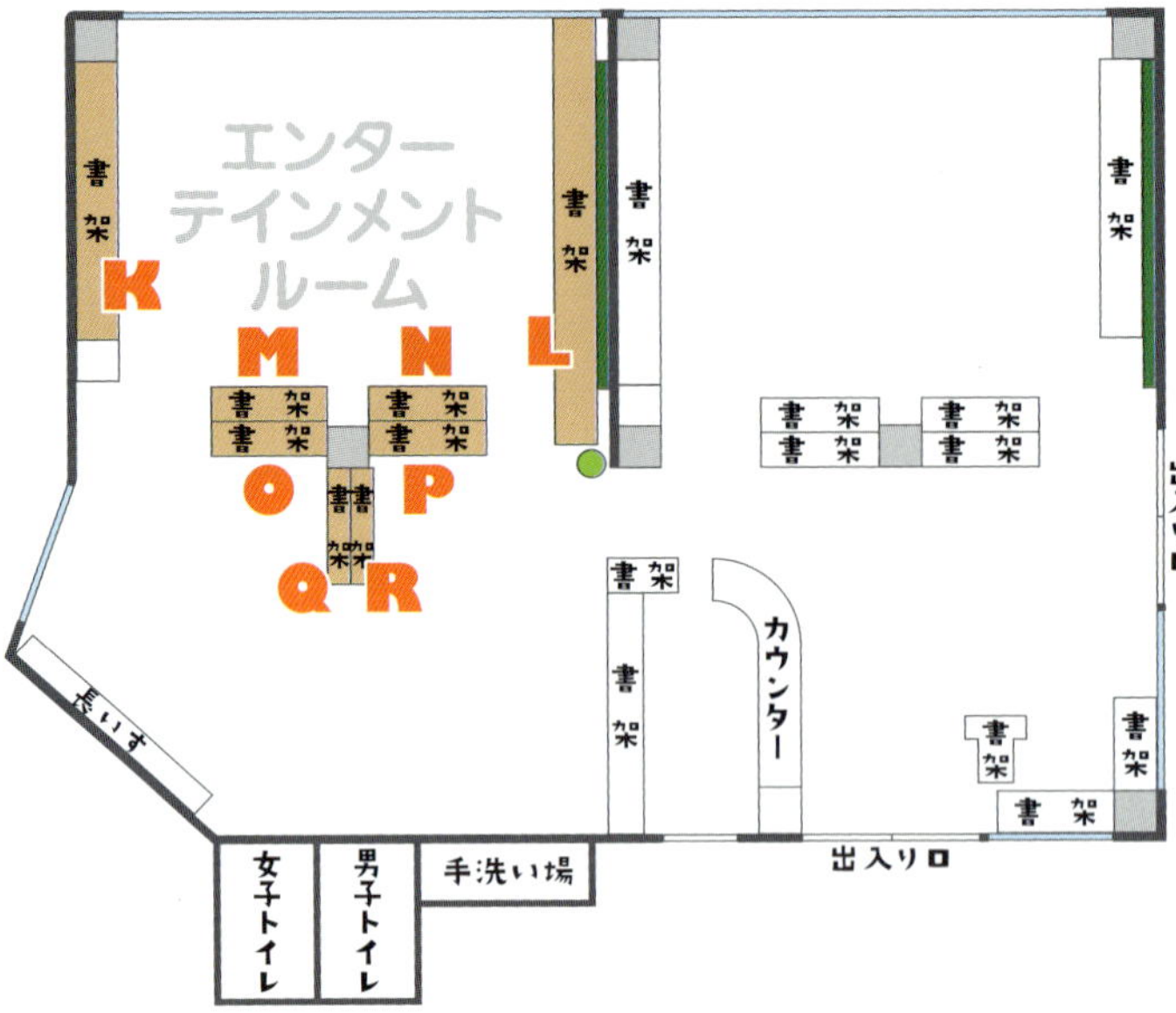

大型のポップアップブックは、開いて立ててパネルサイン代わりに。

Before

After

ファンタジー	ファンタジー	ミステリー	ホラー	ヤングアダルト	ヤングアダルト
ファンタジー	ファンタジー	ミステリー	ホラー	ヤングアダルト	ヤングアダルト
ファンタジー	ファンタジー	ミステリー	ホラー	ヤングアダルト	ヤングアダルト
ファンタジー	ファンタジー	ミステリー	ホラー	ヤングアダルト	ヤングアダルト
ファンタジー	ファンタジー	ミステリー	ホラー	ヤングアダルト	ヤングアダルト
ファンタジー	ファンタジー	ミステリー	ホラー	ヤングアダルト	ヤングアダルト

L

L 文学

赤木POINT!

壁に電灯のスイッチがあるので書架はカーブさせました。そのほうが雰囲気も出ます。書架と黒板の間にすき間ができたので、書架の後ろに入りたくならないように、鉢植えを置いてふさぎました。

赤木POINT!

NDCの分類では5に入っていますが、「料理」「家庭科」(手芸・マナー、掃除その他)もここにもってきます。もしその学校が食育に力を入れていて、食育を「料理」の中から別置するのなら、「ダイエット(食餌療法)」と一緒にするとしっくりと収まります。書道部が強かったり、剣道部は全国区というような、その学校の事情があればそれに合わせます。「スポーツ」は、この学校ではどんな部活動があるかを聞いて、それを中心につくります。

Before

K 芸術・スポーツ

スポーツ	釣り	映画・アニメ	美術	技術	音楽	料理	ダイエット・食育	家庭科・手芸・ファッション
スポーツ	釣り	映画・アニメ	美術	技術	音楽	料理	ダイエット・食育	家庭科・手芸・ファッション
スポーツ	アウトドア	映画・アニメ	美術	囲碁・将棋・トランプ・手品・室内ゲーム	演劇	料理	ダイエット・食育	家庭科・手芸・ファッション

K

M 占い N クイズ・迷路・なぞなぞ O 文庫 P SF

占い		クイズ・迷路・なぞなぞ	ティーンズ文庫		SF
占い		クイズ・迷路・なぞなぞ	ティーンズ文庫		SF
占い	柱	クイズ・迷路・なぞなぞ	ティーンズ文庫	柱	SF
占い		クイズ・迷路・なぞなぞ	ティーンズ文庫		SF
占い		クイズ・迷路・なぞなぞ	ティーンズ文庫		SF
M		N	O		P

黒板側の"空想系"とつなぎたいので、「SF」を入れました。

皆既日食の日が近づいていたので、宇宙の特集にしました。

赤木POINT!

入り口から入ってきて真正面の書架なので、季節のブックフェアの棚にします。

Q 心の問題/危機管理 R 課題図書/今月の本

赤木POINT!

「課題図書」も「今月の本」の一部という扱いです。

心の問題	危機管理
心の問題	危機管理
心の問題	危機管理
心の問題	危機管理
心の問題	危機管理

Q

課題図書	今月の本
課題図書	今月の本
課題図書	今月の本
課題図書	今月の本
課題図書	今月の本

R

赤木POINT!

Qは"リアル系"です。中学校はここをきっちりつくります。

STEP 4

さまざまな工夫

宮城県仙台市立加茂中学校

❶ くつろぎコーナーをつくる

窓の下の長いすはどう見ても、くつろぎコーナーです。まず初めに周りの壁をペンキできれいに塗ってもらいました。床も長いすも茶色なので、ここには何か色を入れたいと考え、京都の座布団屋さんで、かわいくてシックな座布団と、ナスのぬいぐるみを買ってきて長いすに置きました。

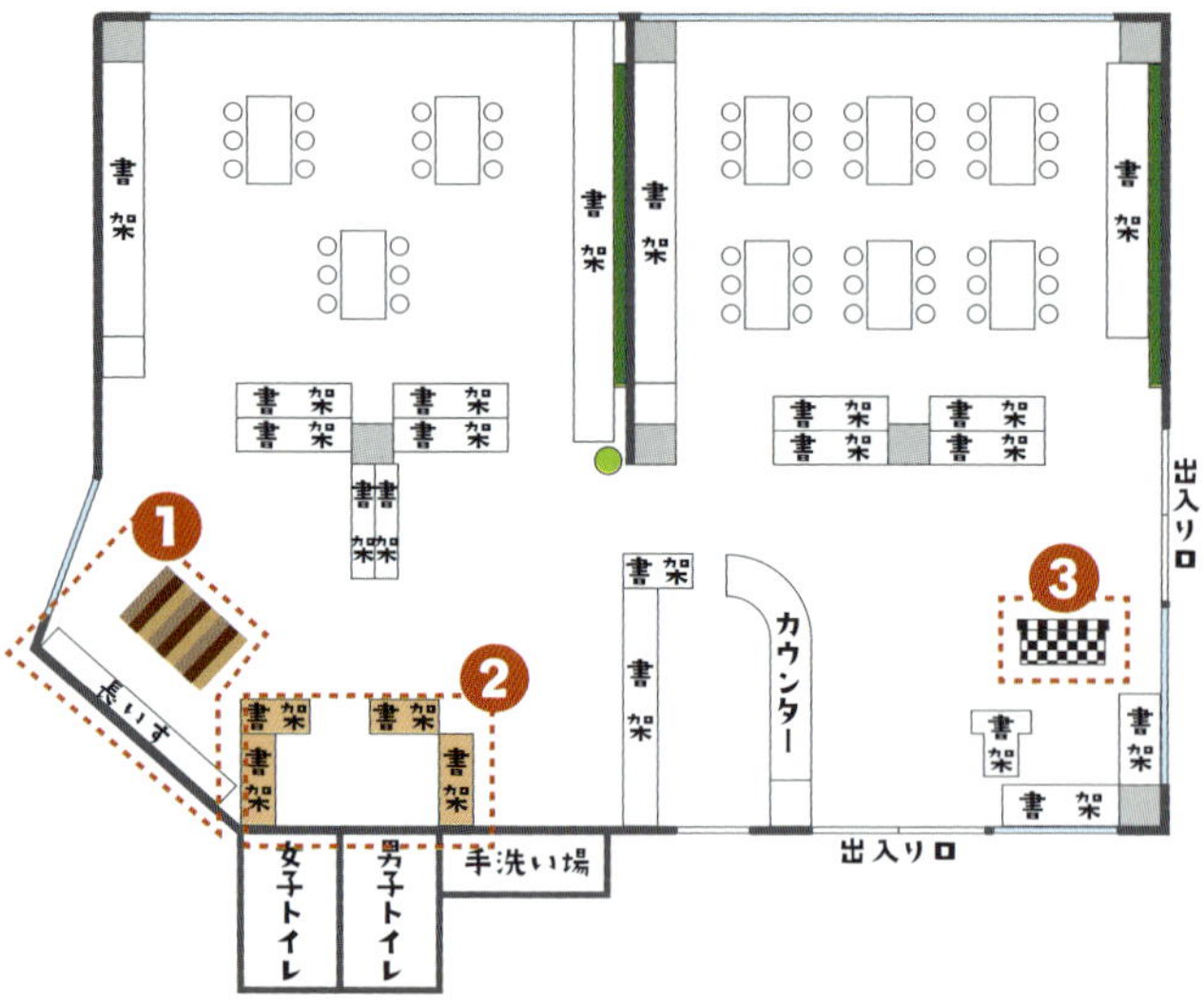

Before

After

ここは寒い地域なので、床にもふかふかカーペットを敷きたい。そこで、近くのホームセンターで安いカーペットを買ってきて、色違いの2色を縫い合わせました。

毎日生徒たちでいっぱいです。こういうカーペットコーナーは、小・中学校では男子の場所になります。

❷ 書架でトイレの目隠しをする

部屋からトイレの入り口が丸見えです。レファレンスルームから出した書架で目隠しをつくってみました。ここにはマンガを入れ、ちゃんと書架として使います。

下のほうを斜めに曲げて押し込むことで、このスペースがしっかり決まります。

書架の裏側が汚かったので、カラーのプラスチックダンボールパネルをはりました。安くて使い勝手がいいので重宝します。以前は白、黒、透明、グレーの色だけでしたが、最近はオレンジやブルーなどもあって助かります。ここは掲示板としても使えます。

❸ 廃品いすをリフォーム

中に綿がない、ボロボロの長いすがあったので、ホームセンターで買ってきた長座布団をいすの中に入れて、安くリフォームしました。布は、センスのいい柄のものを使います。できあがったら、生徒たちが「すごい！ここだけニューヨーク！」と言ってくれました。

解体します。

座面に布団を入れます。

布で包んで、ガンタッカーで打ちつけます。

余った布を内側に折り込みます。

パーツごとに布で包んだら、くっつけます。

完成!!

❹ 柱、壁にポスターをはる

文庫の棚の前の柱に、身長計のポスターをはりました。

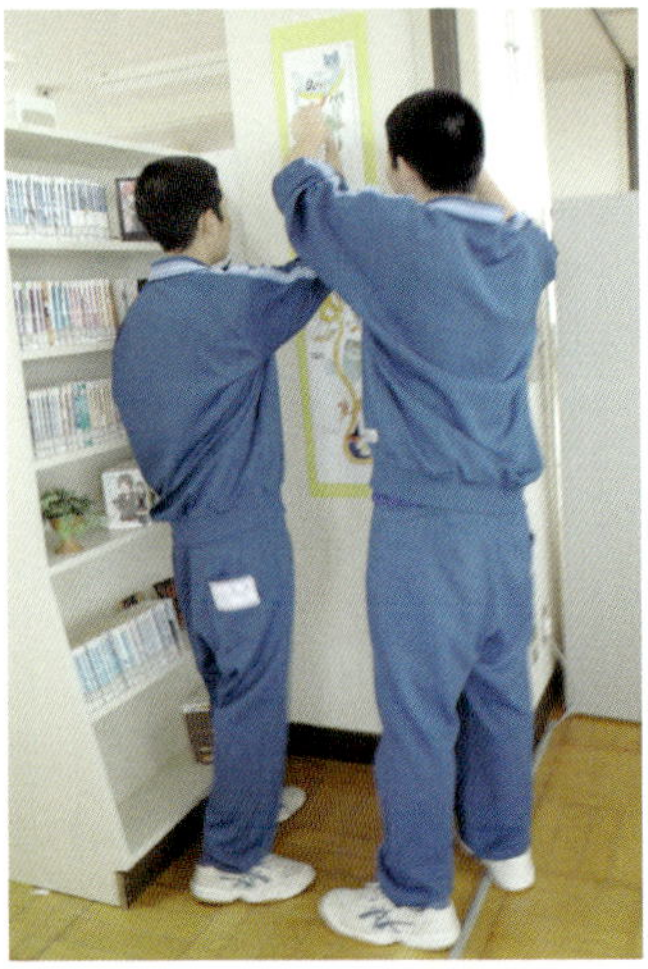

小・中学生は毎日だれか計りに来ます。

壁面が広いので、キース・へリングのポスターをはりました。キース・へリングは、日本の洋風建築の学校にとても合います。

5 季節の飾りを展示

©1994 NAKAJIMA CORPORATION

長いすの前の日当たりのよいスペースに机を置いて、季節の飾りを展示することにしました。

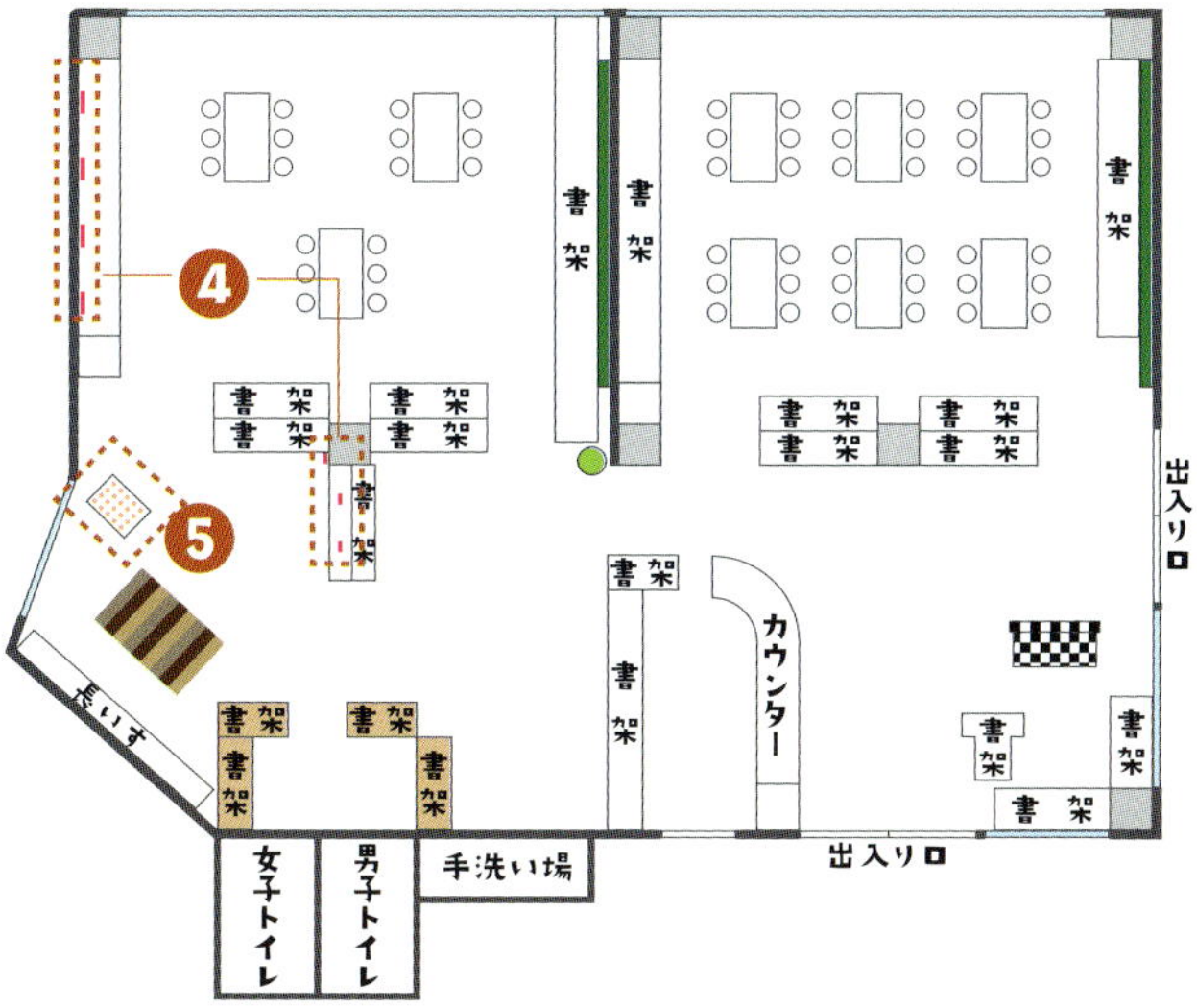

Before

After

テーブルクロスをかける

白が基調のテーブルクロスをかけることで、部屋全体が明るく、居心地のよい空間になります。

After

改装後の図書館

＊宮城県仙台市立加茂中学校＊

動線がよくなりました。

「文学」の棚がいちばん人気。

©1994 NAKAJIMA CORPORATION

カエル司書はひっぱりだこ。

「スポーツ」の棚は体育会系男子に人気。

部屋全体を使いやすい図書館に

カーペットに、
男子がこんなに
くっつき合うとは……

「歴史」コーナーは、
じっくり読書が
できる空間に。

レファレンスルームも
落ち着いた空間に
なりました。

改装の流れ

準　備　＊チェック項目＊

＊ ペンキ塗りは必要か？

→必要。壁を白く塗ったほうがきれい。

＊ 書架はつくる必要があるか？

→必要。A4が入る書架がほとんどなかったので、5本つくった。

＊ テーブルクロスは必要か？

→必要。

＊ カーペットは買えるか？

→事前に買えなかったので、改装当日にカーペットを6枚買って縫い合わせた。

＊ 廃棄手段を調べ、何冊廃棄できるか確認する。

＊ 書庫を確保する。

＊ 新刊は買えるか？

→「自然科学」の本を今回の改装の目玉にするので、そのための新刊を購入。（本が届くのに時間がかかるので、2か月前に発注）

＊ 消耗品と文具を買う。

・ブックカバー用フィルム　・イラスト分類シール
・パネルサイン　・ポスター各種　・シールカバー
・両面テープ　・交換用粘着テープ
・プラスチックダンボールパネル10枚程度
・ブックカバー用フィルム専用のはさみ
・ブックカバー用フィルム専用の定規
・はさみ　・カッター　・カッター用定規　・カッターマット（A3サイズ以上のもの）
・布　・本棚の木材

消耗品と文具以外に、ぬいぐるみや理科のおもちゃ、ポスター、カレンダーなどを購入する費用が3万円くらい欲しい。

・3月上旬に保護者の方々に、図書館改装ボランティア募集のお手紙を発送。

3月30日（月）

- 教職員全員35人
- 部活動に来ていた生徒20人
- 保護者5人
- PTA5人

●本の準備

本はすべて、隣のホールに運ぶ。後で整理しやすいように、背を上にして並べておく。

【ホールで作業】

各教科の先生に、完全に要らない廃棄する本を荒抜きしてもらう。抜いた本は、とりあえず下の階に置く部屋をつくった。

●部屋の準備

・机といすは外に運ぶ。
・掲示物はすべてはがす。

【図書館内で作業】

・大掃除
・書架の配置を決める
天井の方から掃除する。書架を倒してふき、それぞれの位置に移動。男性の先生方が総動員で手伝ってくださいました。このときに、このエリアには何を置くというおおまかな見当はつけておく。
・ペンキ塗り
大掃除が終わってから、ペンキ塗りを始める。
・壁布はり
・書架を配置する
何もなかったスペースにカウンターと低段書架と面出し書架でカウンター周りを設置し、A4が入らない高段書架4本でトイレの目隠しをつくる。使わないスチールの書架は倉庫へ。

このとき、カウンターの後ろの小部屋を発見。ここにも書架を入れ、小さな書庫をつくった。

これで部屋のおおまかな骨組ができあがり。

書架の位置が確定したら、机といすを運び込み、机といすの配置も決める。


赤木POINT!

エンターテインメントルームに机といすを入れて、作業しました

●その他

★サインの準備

【図書館内で作業】

・棚サインをつくる。
・パネルサインやポスターにブックカバー用フィルムをかける。

★布の準備

【家庭科室で作業】

部屋の配置がだいたい決まると、机の配置と数もわかってくるので、テーブルクロスを縫い始める。


赤木POINT!

この段階になると、足りない材料もわかってくるので、買い出しに出かけます。このとき、カーペットも買いました。

3月31日（火）

- 教職員全員35人
- 部活動に来ていた生徒20人
- 保護者5人
- PTA5人
- 県内の学校の司書の方や地元の書店の方など10人

赤木POINT!

県内の学校の司書の方や地元の書店の方などがボランティアで10人ほど集まってくれました。

4月1日（水）

- PTAと地域の方30人
- 教職員15人

●本の準備

3月31日（火）

【ホールで作業】

- 書架に戻す本を置くテーブルをつくり、戻す本だけ抜き、ほこりを払い、必要なもの（別置）にはシールをはる。

赤木POINT!
廃棄する本を抜くのではなく、使う本を抜きます。そのほうが早い！

- 新刊にブックカバー用フィルムをかける。

4月1日（水）

【ホールで作業】

- 残った本を書庫へ運ぶ。
  最後の1冊がなくなるまで、黙々と働き続ける……

●部屋の準備

3月31日（火）

【図書館内で作業】

- 書架1段1段の配置を決める。
  これが図書館改装のメイン。全部がしっくり収まるまで、まだかなり書架も動かす。
- 棚サインをはる。
  中学校なので、本のすべてにイラスト分類シールははらないが、棚サインにはイラストシールをはる。そのほうが覚えやすい。
- 本を棚に入れる。
  準備ができた本を、サインがはられた棚から入れ始める。新刊も入れる。
- 「社会科学」のコーナーをつくり、いすが必要なことがわかってから、いすのリフォームを開始。

4月1日（水）

【図書館内で作業】

- 棚に入れてみて、やはり要らないことがわかって抜く本もある。
- クッション、縫い合わせたカーペットをくつろぎコーナーに置く。
- ブックエンドを使って棚磨きをして、パネルサイン、ポスターなどを飾る。
- 季節の展示をつくって、テーブルクロスをかけて、完成！

●その他

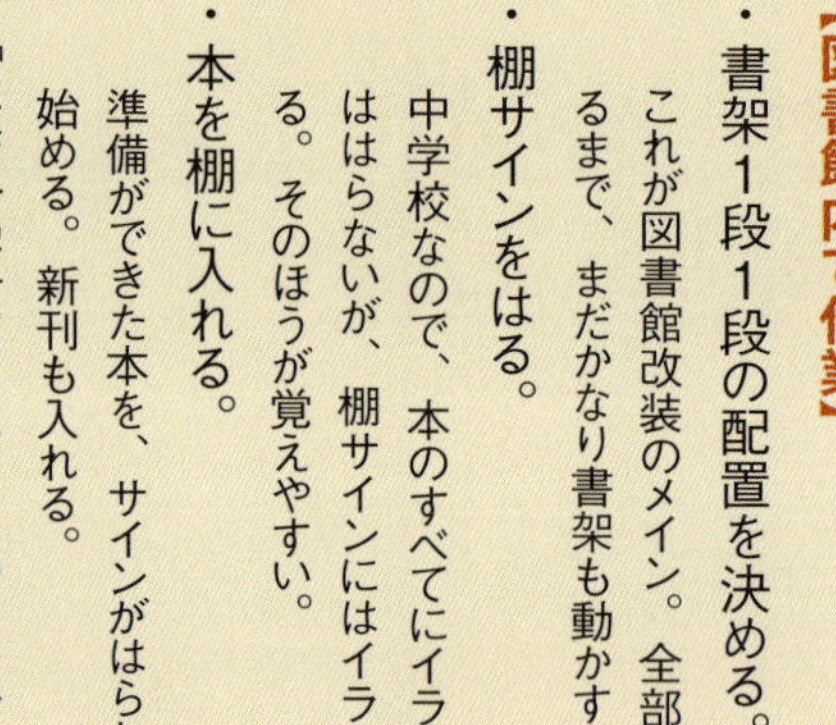

続けてやること

＊棚磨きは毎日。
＊テーブルクロスは1学期に1回洗う。できれば、春夏ものと秋冬ものは取り替える。
＊四季の飾りを変える。
＊本を購入する。

加茂中 DATA

- 児童数：423 人
- 司書：1 人
- 蔵書数：改装前 12990 冊
  →改装後 13873 冊
  （そのうち 6 ～ 7 千冊は第 2 図書室に移動）
- 本購入の年間予算：約 80 万円

- 今回かかった費用

購入した本 182 冊	：	36 万円
その他（消耗品・雑貨等）	：	20 万円
合計	：	56 万円

改装を終えて、先生の声

Q. コストダウンのポイントは？

A. 本棚は、買ったら20～30万円かかるところを、手づくりなので、材料費だけですみました。テーブルクロスの布などもボランティアの方々が縫ってくださったので、布代だけですみました。手づくりできるところは手づくりすることがコストダウンのポイントだと思います。

安くて驚くほど活用できた材料は、プラスチックダンボールパネルです。

Q. 改装の人員を集めるために工夫したことは？

A. PTAの協力を得て、保護者に呼びかけをしました。

学校の先生方も、全員が一緒になって動いてくれました。

Q. 改装で何が大変でしたか？

A. 費用を抑えることです。

それから、不要な図書を一時的に置くスペースを確保することも大変でした。

Q. 図書館を改装して、学校が変わりましたか？

A. 生徒たちが集まる図書館になりました。毎日、70人くらいの生徒が図書館に来ています。給食が終わったら、すぐに図書館に行きたがります。

人気があるのは、くつろぎコーナーです。図書館を改装して、「本が見やすくなった」「使いやすくなった」「くつろげる」と生徒たちは言っています。家庭で図書館のことがよく話題にのぼるようになり、保護者の方々も、生徒が本に触れる機会が増えたことを知って喜んでいらっしゃるようです。

また、先生方の意識も高まり、授業で図書館を使うことが多くなりました。調べ学習をするときにも、図鑑類がジャンルごとにまとめられているので、わかりやすくて使いやすいです。図書館といえば国語科のイメージでしたが、今では、国語科だけのものではないという考えに変わりました。各教科で図書館を使った授業を進めています。

これまでは「9 文学」の本ばかり購入していたのですが、今後は、改装をして不足している分野だとわかった技術・家庭や美術の本をそろえていきたいと思います。

赤木アドバイス

学校図書館の最終的な目的は、その学校図書館を使う人たちを幸福にすることです。子どもたちは勉強ができるようになりたいと思ってます。 先生や親を喜ばせたい、自信をもてるようになりたい！ のです。 だから、学校の勉強のバックアップは重要です。クラブ活動のバックアップも重要です。図書館は、さまざまな生徒のくらしを知識でバックアップするためにあるのです。中学生が読みこなせる雑学やスポーツ、料理、書道、音楽、掃除などのような生きるために役立つ実用書を増やしていくことが大切です。

お悩み1 部屋全体を明るくするには？

白っぽい色を入れます。

この中学校の図書館は、床も机も書架も茶色なので、暗い感じがしてしまいます。

この暗さを解決するために、壁に布をはり、書架を白く塗り、机にも白と赤のクロスをかけます。

Before

いすは40脚以上ありますが、たいていは新しく買えないので、いすの背もたれの色を中心に考えます。ここは赤!

書架を白く塗る

最初は茶色かった書架

すべての書架を白く塗ります。

テーブルクロスは、白と赤の2種類用意して、白いクロスと赤いクロスのエリアをつくりました。
なぜか赤のエリアに男子が集中!

壁布と
テーブルクロスで
トータルコーディネート!

ペンキが乾いたら、書架と棚の配置を決め、本を入れます。

壁布とテーブルクロスの色は、いすの背の赤と調和する色を選ぶようにします。壁布をはります。布が長いときは二人で協力してはるときれいにできます。

最後にパネルサインを飾ります。

お悩み2　展示コーナーはどのように飾る？

コツはやりすぎないこと！

ショーウインドーや図書館内の展示コーナーは、毎月、季節や行事の飾りをするのに適しています。

シンプルに、すっきりと飾りましょう。くれぐれも、女子向きになりすぎないように気をつけます。

行事の飾り

小学校では、4月の飾りは毎年「にゅうがくおめでとう」です。この文字は、書体のコピーを切り抜き、模造紙よりは厚い紙にはったものです。文字の切り抜きをすると、もっと見栄えがよくなります。毎年使うものは上等なものをつくっておくと、長く使えます。


市販の折り紙を使うと安っぽく見えてしまうので、あまり使いたくないのですが、やはり、折り紙は便利です。折り紙を使って、なんとかかっこいい季節の飾りはつくれないかと考えて、だれでも簡単にできる折り紙の飾りのつくり方のDVDをつくりました。各月4枚ずつの作品を紹介し、うち1点壁飾りのつくり方も入っていて、ボンドやはさみの使い方なども説明しています。

こうした細かいコツを知っていると、できあがりが違ってきます。また、市販の折り紙の紙だけではなく、題材に合う紙を選ぶこともお勧めします。

季節の飾り

クリスマス

この２匹のブタは、この中学校の図書館のマスコットです。とてもかわいがられていて、青いマフラーも生徒からのプレゼントです。この場所は、もとは茶色で棚板もあったのを、棚板を全部抜き、ペンキを白く塗って展示コーナーにつくり変えたものです。季節に合わせて、背景や下に敷く布を集めておきます。お金をかけられないので、ショップのように完全にはできませんが、できるだけディスプレイを工夫しましょう。

ハロウィン

ここは高校の図書館です。入り口を入ってすぐのところに、かなり広い空間をつくり、新刊コーナーを置きました。そしてハロウィンの飾りをつくりました。ランプになっているカボチャに魔女の帽子をかぶせ、カボチャ模様の布を敷きました。いすの上に置いてあるのは宝箱です。

お月見

この高校の卒業生の木彫り人形作家、南《な》雲《うん》さんの作品を展示しました。

3冊でできる季節の展示

column*

季節やテーマ展示の本は最低3冊あればできます。何冊も飾ると、逆にテーマがぼけることがあるので注意してください。その本が貸し出しされたら、また次の本を飾ります。

このぬいぐるみ和菓子は、季節やテーマ展示ができるように12か月分つくってもらったものです。毎月、ぬいぐるみ和菓子とお茶碗を取り替え、本を3冊セットすれば、ブックフェアは3分で完了!

お悩み３ 「郷土・地域」の棚はどうつくる？

必要な分類をきちんと考えます。

「郷土・地域」の棚は、大きな範囲としては県、郡、市、町、村、校区など、そこの図書館に必要な範囲のものを集めます。さらに、郷土出身やゆかりの有名人や作家なども集めるとよいでしょう。
松山市にあるこの学校では、書架1本ずつを使って、『坂の上の雲』の棚と、愛媛県出身の現代作家を展示しました。「国語」の棚には夏目漱石と正岡子規のコーナーをつくりました。

サインの文字は書道部の生徒に頼みました。

赤木POINT!
パネルを使って、この賞がどんな賞なのか？を説明。

赤木POINT!
受賞者の受賞作品を紹介。

ちょうどこの学校の卒業生の作家が大宅壮一ノンフィクション賞を受賞したので、この隣に「大宅壮一ノンフィクション賞」の棚をつくりました。

ワンポイントアドバイス

●郷土の資料が多いときは

北海道の中学校で、4段書架1本ずつ「北海道」「北海道の動植物」「郡の資料」「町の資料」をつくったところがありますが、資料が多ければ、その図書館に必要な分類体系を考えて分類します。

レファレンスルームをつくるくらい資料があれば、郷土資料の中もNDCの0〜9で分類します。

書架の上に『坂の上の雲』のポスターをはって、目印にしました。このポスターはPTAの方が提供してくれました。

愛媛県について書かれた本を集めて展示しました。目印に、道後温泉でミカンのぬいぐるみを買ってきて置きました。観光地はグッズがあるので助かります。

松山といえば、漱石です。入り口から見て真正面のつきあたり、いちばん目立つところに漱石と子規のコーナーをつくりました。

V

Q&Aコーナー

NDCの分類とイラストの分類の違い

Question.

本書中のイラスト分類シールを使うと、NDCが使えなくなるのではないでしょうか。NDCで分類している公共図書館も使わせたいし、将来、大学の図書館も使える子どもにしたいと思っています。

Answer.

本書中のイラスト分類シールはNDCを基本としています。まったく異なる分類体系ではありません。

本書で説明したように、NDCは、言葉を数字に置き換えた記号です。イラスト分類シールは言葉をイラスト（絵）に置き換えているだけなのです。このシールを使って、本がどんなふうに分類されているのかを体で覚えると、やがて数字だけのNDCも使いこなせるようになります。

たとえば同じ歴史のシリーズのうち、吉野ヶ里と縄文時代の本には「包帯ミイラ男」のイラストをはりました。平安時代や鎌倉時代の本には別のシールです。その「包帯ミイラ男」のシールがはってあるほかの本は「ピラミッド」と「ミイラのつくり方」です。子どもたちはそれを眺め、このジャンルはここからここまでなんだなというのを、言葉ではなく概念で理解してくれました。概念が入った後、それを「考古学」というんだよ、ほら、古いことを考えるって書いてあるでしょう、と説明するのはとても簡単でした。

大事なことはNDCを丸暗記することではなく、本は分類されているんだということを体感することです。なぜかというと、大学の図書館はNDCでは分類されていないからです。専門図書をもっている大学の、工学部の図書館と医学部の図書館で、まったく同じ分類が使えるわけがありません。今はNDCも併用していますが、国会図書館や大学図書館、博物館の図書室など、図書館はみな違う分類体系をつくって本を分類しています。

ですから、大事なことは入り口に入ったときに、この図書館はどんなふうに本を分類しているのかなと考える皮膚感覚を育てることです。NDCはいちばんやさしいシンプルな分類体系なので、その皮膚感覚を育てるのには役に立ちます。

しかし、ほかのことでもそうですが、子どもには子どもによくわかる、子どもの皮膚感覚に合った教え方をするべきでしょう。少なくとも、NDCの数字を丸暗記するのは労多くして益の少ないやり方で、大人も難しいと思います。

イラストの優れている点は、見るだけですぐに意味がわかることです。

それに、子どもはビジュアルには強いので、イラスト分類シールなら、何の説明もなしで、たった5分で図書館を使いこなせるようになります。そして分類体系が体に入った高学年になれば、もっと複雑な公共図書館の数字だけの分類も使いこなせるようになるのです。

Question.

転任した学校で、図書室の本の「変温動物」にはカエルのシールが、「恒温動物」にはサルのシールがはってあって驚きました。前任者が、子どもにはたくさんのシールは覚え切れないからといって、この2種類だけはったそうですが、これでいいのでしょうか。

Answer.

それは驚きですね。「カブトムシ」にカエルがはってあれば、子どもたちは混乱するでしょう。

1対1対応でつくられているものならば、子どもの記憶力は大人よりはるかに優れているのですから、生き物のシールを覚えるのなんか一瞬です。

もし、どうしても2種類しか使わないというのであれば、「変温動物図鑑」と「動物図鑑」のシールにすべきでしょう。それなら間違いではありません。

でも、できれば1対1対応になるようにしたほうが、子どもたちの分類に対する理解は深まります。わからなくなったら、分類の上位概念と下位概念を考えるようにしてください。

飾りつけについて

Question.

学校図書館で、季節の飾りつけなどは必要なのでしょうか。

Answer.

学校はたくさんの人が、狭いところにひしめきあって学んでいるところです。ストレスがたまれば、人間はちょっとしたことでもけんかや、弱いものいじめを始めたりするものです。図書館のような、普通の教室とは少し違うところで、そういうストレスを少しでも緩和したり、ガス抜きしたりできれば、みんなが助かると思いませんか。

自由に出入りでき、人口密度の少ない大学の図書館と、過密な学校図書館とでは、やるべきフォローも当然違ってくるのです。

少しでも居心地がよく、ここは自分たちの場所だ、ここでは守られている、安心できると感じ、ほっとできる空間を学校の中にぜひつくりたいものです。

ある中学校で、図書館を改装した後、毎日のように放課後やってきては、「はあー」と大きく息をつき、それだけで帰っていく男子がいました。あまりにも不思議なので、何をしているのか尋ねたところ、授業と部活の頭の切り替えをしているという答えが返ってきました。

「今まではなかなかその切り替えができなくてしかられることが多かったけど、この図書館に来て深呼吸をするとうまく切り替えられることに気がついた。今までの図書館は寒い感じがして来たくなかったが、今は暖かいし、ここに来ると自分が歓迎されている気がしてほっとする。改装してもらってありがたいと思っている」

というようなことをぼそぼそ言い、最後に「本を借りなくてすみません。部活で読む時間がないんです」と言って帰っていきました。

学校の図書館は、レファレンスの場と同時に居心地のいい場所であることも必要です。

また、いろいろな事情を抱えた子どもがいます。自分が悪いわけではないのに、つらい気持ちを抱えて生きている子どもはたくさんいるのです。その子どもたちをほんの少しでも助けたい、慰めたいと思いませんか。

そのためにも、図書館に日本の豊かな四季を取り入れましょう。季節の飾りつけのときにも、必ず本を添えるものですが、日本の伝統的な行事などの知識伝達も図書館の仕事ではないでしょうか。

学校図書館が居心地のいい場所になるように、ひいては学校全体が、だれにとっても安心できる、足を運びたくなる場所になるように、努力する価値はあると思います。

Question.

なぜ、図書館にぬいぐるみを置くのですか。

Answer.

役に立つからです。

きちんと棚（「棚」というときは板のことではなく、そこに並んでいる本たち、「蔵書」のことをいいます）をつくれば、何人かは、その棚が抱きかかえてくれます。居心地のいい部屋は、その部屋が子どもたちを抱きかかえてくれるのです。

でも、まだまだ何かが足りません。

ぬいぐるみなら何でもいいわけではありません。今のところ、グリーンのカエル司書に落ち着いていますが、彼がたった1匹で、どれだけ子どもたちをいやしてくれるかは信じられないほどです。彼を自分の脇に座らせることで、自分の席に座っていられるようになった子どももいました。

図書館どころか、私はすべての教室にカエル司書を配置したいと思っているくらいです。

子どもたちを見ていると、人間というのは、なんとファンタジックな生き物なのだろうと思います。大人になると、そういう能力は普通なくしてしまうのですが、子どもを見ていると、昔話などをつくりあげた本来の人間力はこっちのほうなのだとよく思うのです。

カエル司書のほかに、今では先カンブリア紀の動物や恐竜のぬいぐるみたち（古生物は人気です）、人体模型のミセス・ボーン（この人は等身大でないことが大事です。大きいと怖いので）なども、人間一人分くらいには、子どもたちの面倒を見てくれるのです。人件費が要らないことを考えると、安い投資だと思います。

ぬいぐるみは高校でも使います。人間の子どもは機械ではありません。やわらかくて感じやすい、豊かな心の持ち主です。

私の価値基準は「これは子どもを幸福にするか」です。

子どもたちを幸福にするために、ポスターをはり、ぬいぐるみを置き、飾りつけもするのです。

●選書について

Question.

どんな本を選べばいいのか、いつも困っています。何かいい方法はありませんか。

Answer.

選書は、予算はどれくらいか、全校の児童・生徒は何人くらいか、図書館に本がどれくらいあるか、児童や生徒にどんな本が必要かなどを考えて計画を立ててください。

〈具体例〉

★2000年以降の、できれば最も新しい百科事典が1セット、絶対に必要です。本当はクラス置きとして、各クラスに1セット欲しいものですが（ほかに国語の辞典、英語の辞典、漢字の辞典も本当はクラス置きにする本です）、そこまでは無理でしたら、各学年の廊下に置くという手もあります。

★予算が30万円あるのなら「社会科学」（調べ学習用）で10万円、「自然科学」で10万円、「文学」で10万円が、小学校では大体の目安でしょう。

★日本は秋冬ものの本が9月以降に出ます。5月に本を買うと永久にクリスマスの本が買えないので、本は最低年2回買うようにして、30万円の予算なら秋冬用に3万円ほど残しておきます。

★子どもたちに、欲しい本のアンケートを取って、なるべく希望の図書を買います。

★子どもたち用にもらっているお金で、子どもたちに読めない本は、基本的に買いません。先生用の本は先生用のお金で買います。

★できるだけ新しい本を買います。名作を買うときにも、少なくとも2000年以降の新しい子ども用の文庫本を買ってください。活版印刷の本は、今は大人だって読みにくいでしょう。日本人はデザインセンスが優れているので、書体が古いものは読めなくなってしまうのです。

★「選書会」といって、本屋さんが学校の体育館などに本を並べて、子どもたちにしおりを3～5枚（買える本の数にもよります）渡し、自分が欲しい本にはさんでもらうというやり方をすることがあります。なるべく子どもたちが喜びそうな、今の本をもってきてもらい（売れ残った商品をもってくる本屋さんもいますので、良心的な店を選んでください）、たくさんしおりがはさまった本から買えるだけ買っていきます。

PTA予算を当てたり、各家庭から100円ずつ集めたりして選書会をするところもあるようです。

自分で選ぶと、子どもたちは図書館と本に強い興味と関心を持つようになり、来た本はとてもよく読まれます。せめて、各人に1冊当たるくらいは買ってやりたいものです。

★今はインターネットがあるので、本の情報はネットで流せるようになりました。インターネットで「本の探偵」を検索すると、いちばん上に「大人と子どもとみんなのための絵本紹介サイト」というホームページが出てくるはずです。毎日5冊ずつ本の情報をアップしていますので、どうぞ参考にしてください。

本の装備について

Question.

本の表紙カバーは外すようにと言われました。外してしまったら表紙が真っ白な本もあるし、魅力的に見えないと思うので外したくありません。図書館では、表紙カバーは外さなければいけないものなのでしょうか。

Answer.

市町村の公共図書館の児童室で、絵本の表紙カバーを全部外している図書館を見たことがありますか？　今どきそんなことをしている図書館は、ほとんどないでしょう。国立国会図書館や大学図書館、県立の公共図書館などでは、確かに外しているところはあります。

表紙カバーを外す方法が採用されたのには、それなりの理由があったのかもしれません。ルールや決まりというものは、それが必要だからつくられたのですから。

しかし、その必要がなくなってしまったのなら、もうその決まりは要りません。一人でも多くの人に、それこそ赤ちゃんにまで本を楽しんでもらいたい、本の使い方を知ってほしいと望む市町村の公共図書館では、表紙カバーを外してしまって、本が魅力的に見えなくなることのほうが問題です。

表紙カバーをつけておきたいから、のりのついたブックカバーが発明されたのです。表紙カバーを外す必要はありません。

一度、頑強に「新刊図書の展示に必要なんです！」と言い張られて驚いたことがありましたが、新刊図書の展示なら、表紙カバーより、デジカメで撮った写真を壁にはるほうがずっときれいだし、後でその写真をファイルすれば新刊リストにもなります。

その代わり、ブックカバーをはる仕事が増えましたが、はれば本が何倍も長持ちするのですから、その手間をかけるだけの値打ちはあると思います。

あるところで、小学校の司書だという方に、「あのブックカバーかけは司書の仕事なんでしょうか」と、とても不服そうに言われたことがありますが、新刊にブックカバーをかけるのにワクワクしないのなら、その方は初めから司書には向いていないと、私は思います。

だって、新刊見るの、楽しいじゃないですか。カバーをかけるの、ワクワクするでしょう？

Question.

本が壊れたら、どうしたらいいのですか。

Answer.

ページが破れた場合▼

本の表紙にかける粘着式ブックカバーではなく、補修用のテープがありますから、それではってください。表紙にかけるカバーで修理すると、厚いので本が倍に膨らんでしまいます。

そして、絶対にセロハンテープで修理しないでください。1年もたたないうちに黄ばんでぼろぼろになり、本がだめになってしまいます。

また、ときどき中にページが折り込んである本（広げると大きくなる本）があります。ここが破けそうだなというのが予想できる本は、最初にそこにテープをはって補強してしまいます。

どんな本でも徹底的に壊れる前に、早め早めに修理しましょう。

コミックの場合▼

糸で縫っていない本のことを「無線綴じ」といいます。こういうものは、装備（図書館に出せるように本の準備をすることです）のときに、すぐに補強をしてしまいます。やり方は「光村ブックランド」のホームページに出ています。

絵本の場合▼

絵本はどのページを開いても平らになるように（もちろん絵がよく見えるように）つくられています。

一度、表紙と本体を外し、もう一度麻糸で縫い合わせて補修します。

大事なことは、その本がどういうふうにつくられているかで修理の方法も変わることです。

そして、もう必要がなくなった本は修理しないでください。その学校そのものの資料（郷土資料など）ならば別ですが、修理するのは、それだけの手間をかけてもいい、現在貸し出しの多い（読まれている）本だけにします。

＊光村ブックランド＊
http://www.mitsumura-tosho.co.jp/bookland/

《見取り図》

P66とP81〈実例1〉大阪府門真市立速見小学校を見てね。

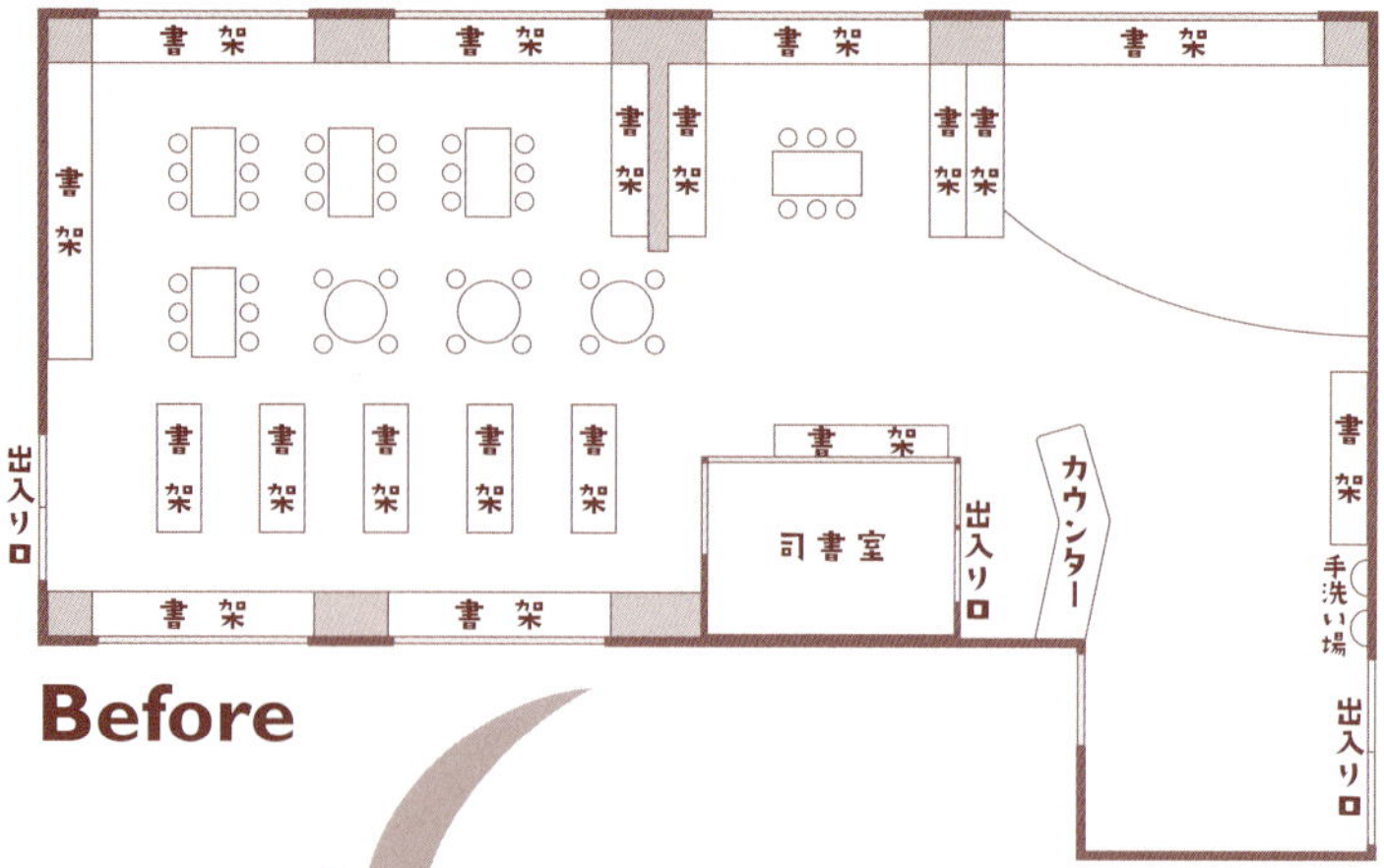

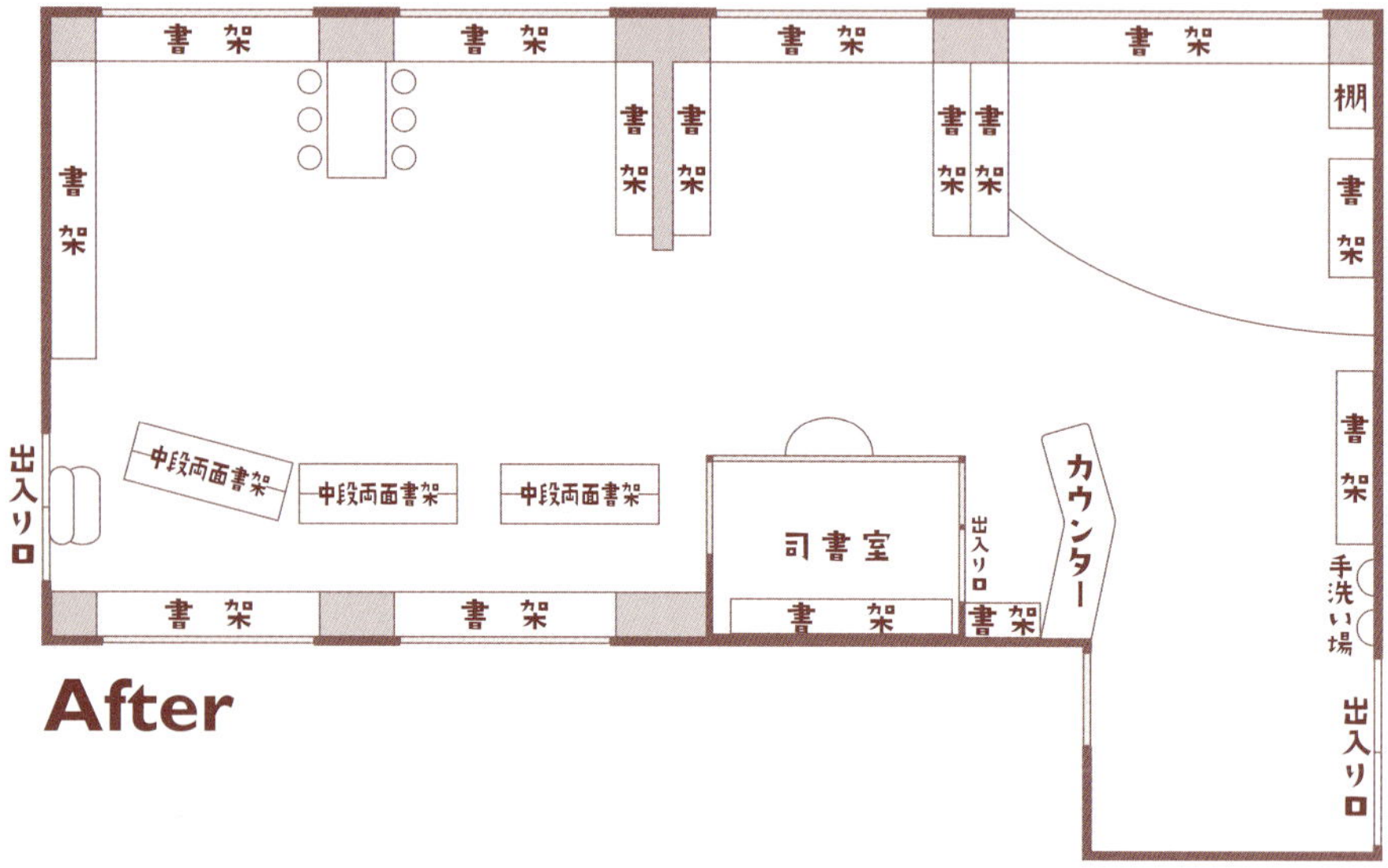

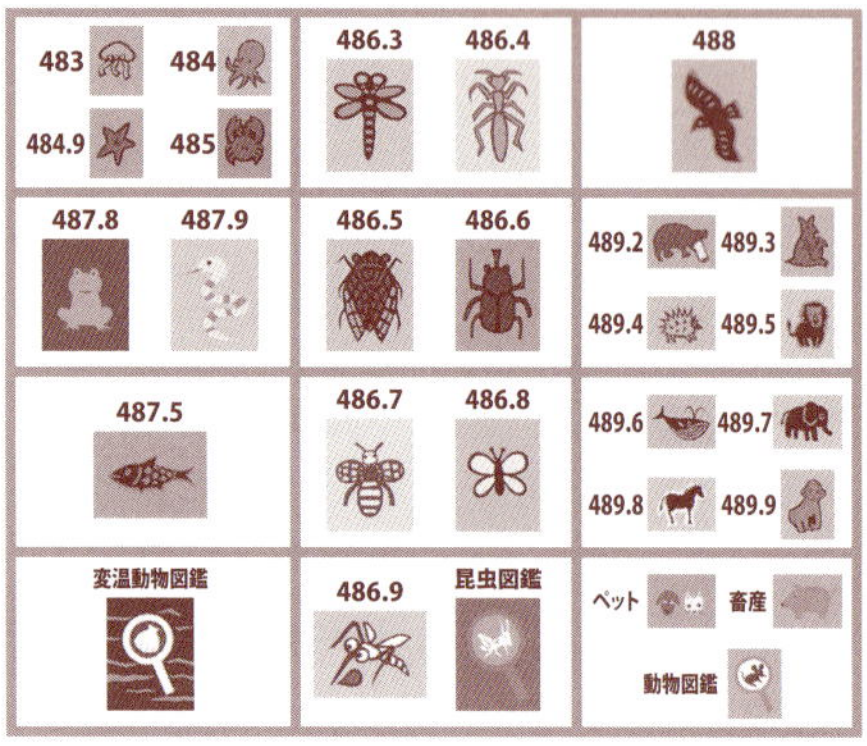

小学校3本4段の場合

P27「棚づくりの練習」を見てね。

書架
黒板
カウンター
出入り口
長いす
女子トイレ
男子トイレ
手洗い場

Before

P88とP103〈実例2〉宮城県仙台市立加茂中学校を見てね。

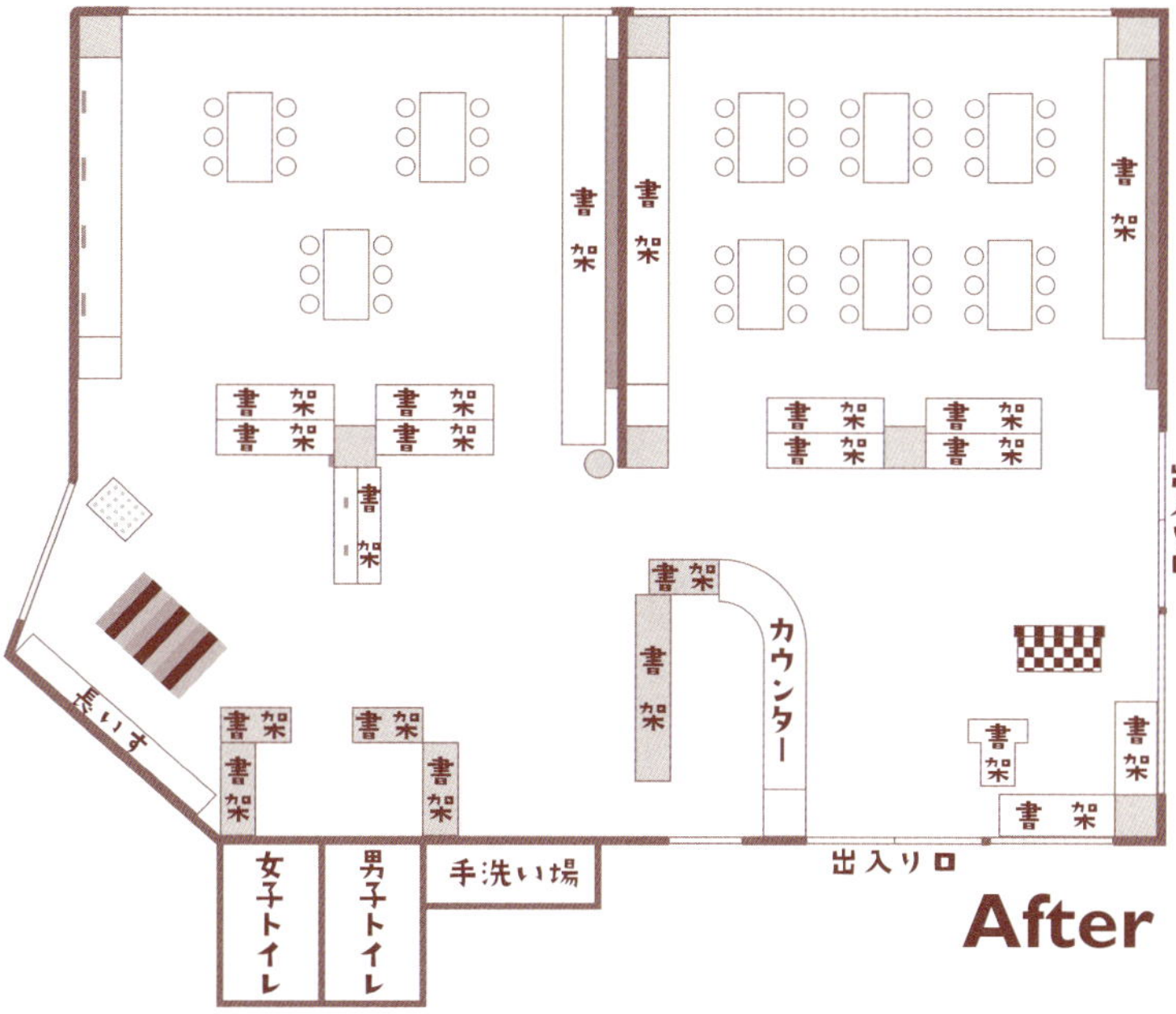
書架
カウンター
出入り口
長いす
女子トイレ
男子トイレ
手洗い場

After

中学校2本5段の場合

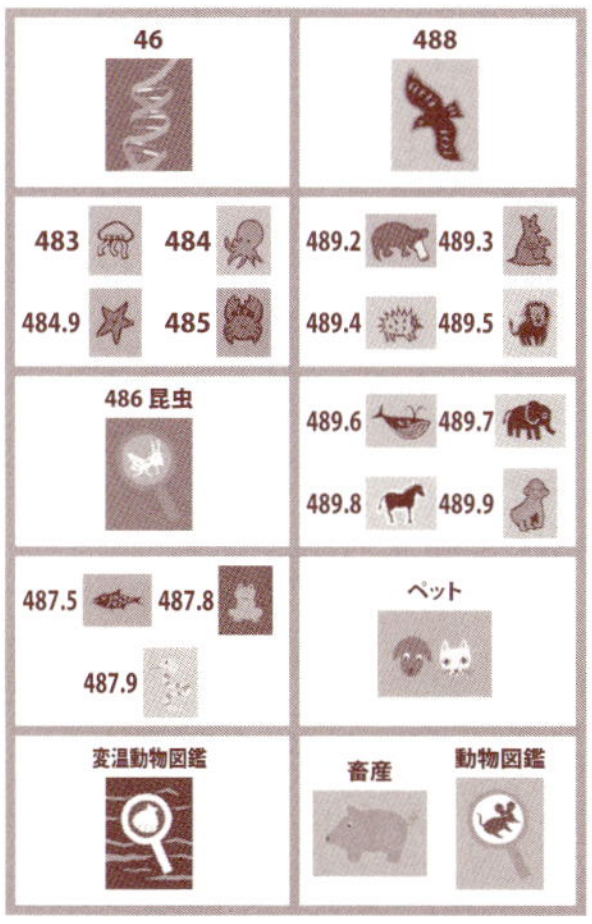
46
488
483
484
484.9
485
489.2
489.3
489.4
489.5
486 昆虫
489.6
489.7
489.8
489.9
487.5
487.8
487.9
ペット
変温動物図鑑
畜産
動物図鑑

＊書架は1段90cm前後を想定しています。

小学校3本5段の場合

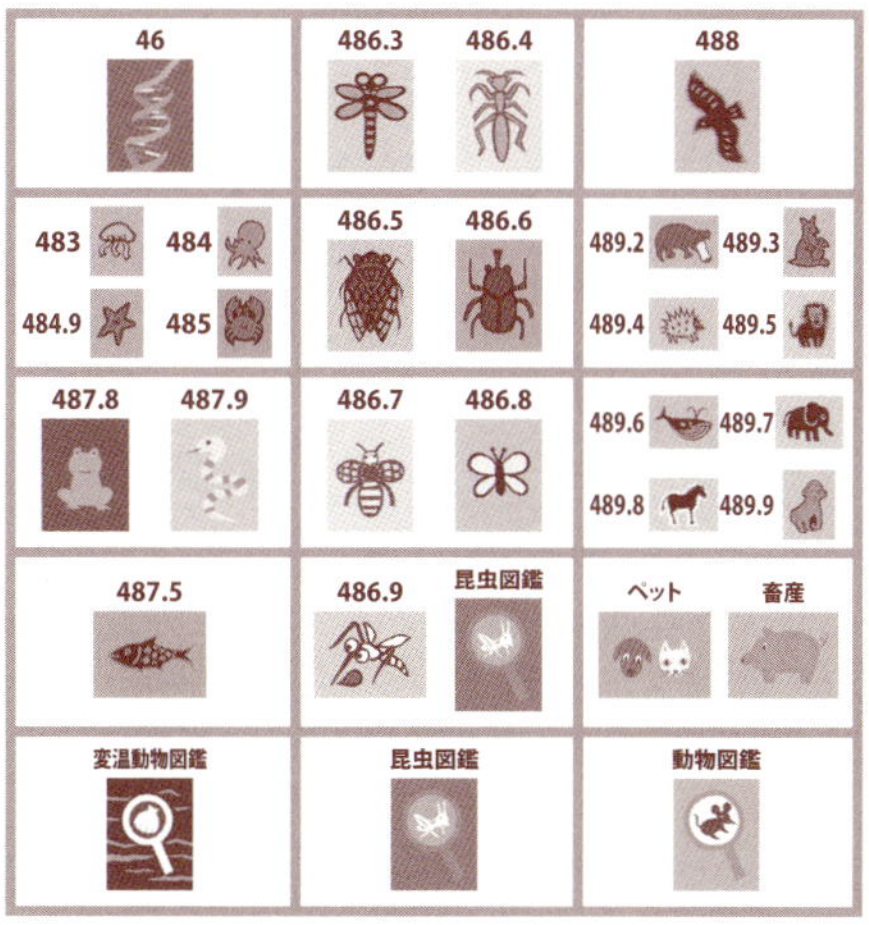
46
486.3
486.4
488
483
484
484.9
485
486.5
486.6
489.2
489.3
489.4
489.5
487.8
487.9
486.7
486.8
489.6
489.7
489.8
489.9
487.5
486.9
昆虫図鑑
ペット
畜産
変温動物図鑑
昆虫図鑑
動物図鑑

《付属CDについて》

このCDは、パソコン（Windows版のみ対応）で利用することができます。

ワードはWord2000に対応しています。

必要なデータをプリントアウトして、お使いください。

棚サインの使い方

☆棚サインとは、書架の段にはるサインのことです。
このサインをプリントアウトしたら、それぞれのイラストシールをはり、カットして1つ1つの棚サインをつくります（P14を見てね）。

☆学校によって、必要な枚数も違ってくるでしょう。
（たとえば、うちは「ミステリー」は4枚必要だ、など）

必要な枚数を自分でコピーして使ってください。

☆子どもたち、特に小学生の頭は1対1対応で、できています。
「ミステリー」が3段あるのなら、必ず3枚つくって各段にはってください。

はっていないと、そこには置いてはいけないのだと思って、置かなくなってしまいます。

☆必ず、市販のイラスト分類シールをはって、使ってください。
たとえ紙1枚でもはって、盛り上がっているとアピール力が出ます。

また、コンピュータで色をつけたものを、はらないでください。

カラーコピーは、はらないでください。文字だけのままはらないでください。

効果が半減してしまいます。

中学校は、たとえ本にははらなくても、棚サインにはイラストシールをはってください。

そして、イラストシールはコピーして使わないでください。

もちろん著作権の問題もあるのですが、何より、棚の力が半減してしまうのです。

☆いろいろ試した結果、このやり方がいちばん安上がりで効果的だ、ということになりました。
これなら1枚10円以下で、破けたり、はがれたりしたときにも簡単にもう一度、棚サインをつくることができます。


*自分でイラスト分類シールを考えて、勝手につくらないでください。市販の分類シールは、それ自体が分類体系であるうえに、子どもたちにアピールするように慎重に考えてつくられたものです。これよりレベルの高いものをつくるのは難しいと思います。そのような時間があるのなら、もっと有意義なことに使ってください。子どもたちのために。

（問合せ先：㈲埼玉福祉会 Tel:048-481-2188）

棚づくりの練習

小学校は、まずこれで、「自然科学」の棚のつくり方を練習してください（P 26-27を見てね）。

自分のところの棚（何本なのか？ 何段なのか？ サイズは？）を考えて、まずは「48 よんはち」（動物学）の棚を練習してみてください。

コツがわかったら、ほかのジャンルもやってみてください。

棚を見た瞬間に、反射的に何cmかな、と考えるようになったら、あなたも立派に司書の一員です。

図書館の棚づくりをするときには

A4の紙を4分の1に切って、その1枚1枚に、この棚サインの文字を書いていってください（「ミステリー」が3段あっても、これはジャンルとして1枚でいいですよ）。

その紙を書架にはっていって配置決めをするのですが、もし余ったら、どこか、つくり忘れている、ということになります。

「自然科学」の棚だけだったら、棚練習の棚に文字を書くだけでいいのですが、全体となると実際にやってみないとわかりません。

書くと、自分でも分類を覚えます。

この分類と配置が、図書館の梁であり、柱なのです。

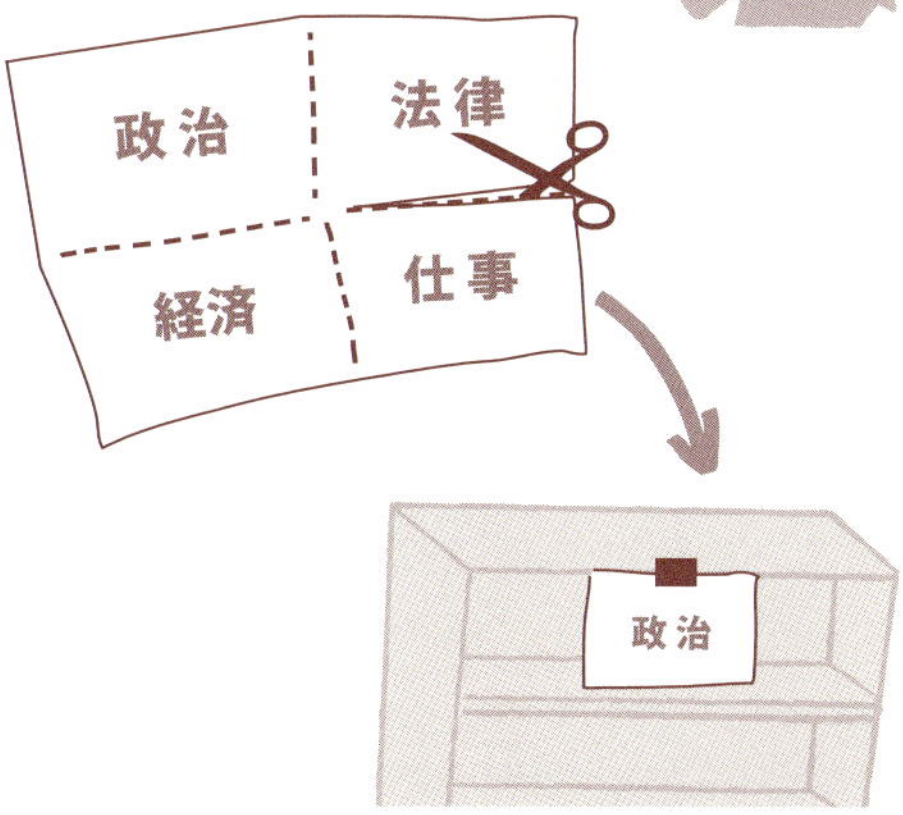

取り扱い上のご注意

ディスクは両面とも、指紋、汚れ、傷等をつけないように取り扱ってください。

ディスクが汚れたときは、メガネふきのような柔らかい布で内周から外周に向かって放射線状に軽くふき取ってください。レコード用クリーナーや溶剤等は使用しないでください。

ディスクは両面とも、鉛筆、ボールペン、油性ペン等で文字や絵を書いたり、シール等をはりつけたりしないでください。

ひび割れや変形、または接着剤等で補修したディスクは危険ですから、絶対に使用しないでください。

保管上のご注意

直射日光の当たる場所や、高温・多湿の場所には保管しないでください。

ディスクは使用後、元のケースに入れて保管してください。

赤木かん子（あかぎ・かんこ）

児童文学評論家。1984年に、子どものころに読んでタイトルや作者名を忘れた本を探し出す「本の探偵」としてデビュー。以来、子どもの本や文化の紹介、書評などで活躍している。主な著書に『こちら本の探偵です』『調べ学習の基礎の基礎』『絵本・子どもの本 総解説』などがある。

●取材および写真協力校（小中高順）

愛媛県新居浜市立船木小学校
愛媛県松山市立清水小学校
大阪府門真市立速見小学校
香川県坂出市立加茂小学校
京都府井手町立井手小学校
東京都杉並区立済美小学校
東京都福生市立福生第二小学校
宮城県仙台市立太白小学校

東京都杉並区立和田中学校
東京都練馬区立大泉第二中学校
北海道日高町立富川中学校
宮城県仙台市立加茂中学校

愛媛県立松山南高等学校
沖縄県立北山高等学校
鳥取県立米子南高等学校
山形県立酒田商業高等学校

●取材および写真協力図書館

長野県下諏訪町立図書館

●撮影

小見哲彦
白石光一
松岡芳英
三浦寛

●協力

株式会社インターコミュニケーションズ
株式会社ナカジマコーポレーション
株式会社ポプルス
社会福祉法人埼玉福祉会

●装幀・本文デザイン

楠悠子（D.C.カンパニー）

●イラスト

石山綾子

読書力アップ！
学校図書館のつくり方

二〇一〇年四月三十日初版第一刷発行
二〇一八年四月十日　第六刷発行

著者　赤木かん子
発行者　小泉茂
発行所　光村図書出版株式会社
東京都品川区上大崎二ー一九ー九
[郵便番号]一四一ー八六七五
[電話番号]〇三ー三四九三ー二一一一（代表）
印刷所　株式会社加藤文明社
製本所　株式会社民由社

ISBN978-4-89528-475-2